디지털**머니**

디지털 머니

ⓒ정인호 2016

초판 1쇄 발행 2016년 10월 20일

지은이 정인호

펴낸곳 도서출판 가쎄
등록번호 제 302-2005-00062호
*gasse.아카데미는 도서출판 가쎄의 임프린트입니다.

주소 서울 용산구 이촌로319 31-1105
전화 070. 7553. 1783
팩스 02. 749. 6911
인쇄 정민문화사

ISBN 987-89-93489-59-0

값 15,000원

홈페이지 www.gasse.co.kr
이메일 berlin@gasse.co.kr

디지털**머니**

정인호

gasse•아카데미

목차

머리**말**

빳빳한 만 원짜리 지폐를 용돈으로 받으면 왜 그렇게 기분이 좋은지, 지금도 그 느낌이 생생하게 살아난다. 더구나 그 만 원짜리가 지갑에 가득 들어가 빵빵 해지면 마음도 여유롭고 푸근해지며, 배짱도 생기는 것 같다. 그래서 우리 어머니들은 자식들이 기가 죽을까 봐, 없는 살림에도 용돈을 넉넉하게 주시려고 했다. 그러다 보니 일상생활에서 돈이 무엇인지에 대한 특별한 의식 없이 지내면서 마치 그 자체가 대단한 가치가 있는 것처럼 착각하면서 지낸다. 그러나 기실 돈 자체는 종이 쪼가리에 불과하며, 이렇다 할 쓸모가 없다. 종이로써 무언가를 적기에도 적합하지 않고, 땔감으로 쓸 수도 없다. 1차 대전 이후인 1923년 독일의 하이퍼 인플레 당시에 아이들이 돈뭉치를 레고처럼 가지고 놀던 사진은 이러한 돈의 참모습을 잘 보여준다.

돈이란 무엇인가? 경제학 교과서를 보면 돈을 '사람들이 타인으로부터 재화 서비스를 구입하기 위해 일반적으로 사용하는 자산'이라고 정의한다. 사람들은 원래 사회적 동물로서, 혼자서 필요한 것을 다 생산하지 못한다. 그래서 부득이 자신이 잘할 수 있는 것에 집중하고, 나머지는 다른 사람의 생산물과 교환하여 생활의 필요를 충족한다. 그런데 통상 사람 간의 욕구가 일치하지 않기 때문에 물물교환은 쉽지 않다. 그래서 나온 것이 돈이다. 돈은 그뿐 아니라 생산물의 가치를 비교하는 데도 쓰이고, 애써 생산한 노동의 가치를 저장하는 데도 유용하다. 그러니까 애초에는 가치를 표시하는 용도로 충분한 조개와 같은 자연소재를 사용하다가, 점차 청동, 금은과 같이 돈의 역할을 좀 더 잘 수행할 수 있는 금속화폐로, 그리고 종이로 만들어진 어음, 수표, 지폐로 진화한다.

돈의 진화에 대해서 깊이 생각하며 돈을 쓰는 사람이 누가 있으랴? 그러나 무심한 일상생활의 와중에도 끊임없이 돈은 좀 더 유용한 형태로 진화한다. 오늘날은 IT 시대라고 불러도 좋을 만큼 IT가 과학기술을 주도하고 있다. 그것은 다른 모든 분야로 흘러들어가 그 분야를 완전히 새로운 모습으로 바꾸어 놓는다. 대표적인 것이 바로 금융이며, 우리는 그것을 핀테크라는 이름으로 부른다. 핀테크라는 것은 Finance와 Technology가 결합된 신조어로서 특히 IT 기술과 융합된 금융을 말한다. 2015년경부터 부쩍 언론에서 핀테크라는 용어를 빈번히 사용하면서 갑자기 우리 귀에 크게 들려오기 시작했지만 이러한 현상이 어제오늘 갑자기 나타났을 리 만무하다. 은행예금의 계좌이체, 신용카드, 온라인에서의 지급결제와 송금 등은 꽤 오래전부터 일상의 한자리를 차지하고 있던 것들이다. 그리고 우리는 이러한 기술에 익숙해져 있으며 별다른 불편을 느끼지 못했다.

그런데 나라 밖에서부터 이상한 소식이 들리기 시작했다. 변변한 은행시스템이 없는 케냐에서 휴대폰만으로 대부분의 금융서비스를 이용할 수 있는 엠페사가 국민 서비스가 되었다는 소식도 그중 하나다. 중국의 알리페이는 온라인과 오프라인 모두에서 돈처럼 사용되며, 스마트폰으로 물건 사고 송금하는데 아무런 불편이 없어, 신용카드는 채 꽃도 피기 전에 지게 생겼다는 것이다. 우리가 한참 앞선 것으로 생각하고 방심하고 있었는데, 갑자기 뒤에서 누군가가 휙 치고 나가는 것을 느끼고 깜짝 놀랄 수밖에 없었다. 그래서 부랴부랴 정책의 대선회를 하게 되었고, 그 결과 우리나라에서도 간편결제와 모바일 금융이 하룻밤 사이에 꽃이 피듯이 그렇게 개화하였다. 우리도 모바일 머니의 새로운 단계로 한 발짝 발을 들여놓게 된 것이다.

그러나 진정한 변화는 이제부터다. 그것은 기실 비트코인부터 시작되었다. 2009년 나카모토 사토시라는 정체불명의 인물이 창안한 이 신종 디지털 머니는 예리한 사람들의 눈길을 끌게 되었다. 그리고 사람들의 입소문을 타고 서서히 인터넷 세계의 한 자락을 차지하며 어느덧 돈으로 사용되고 있는 것이 아닌가! 인터넷으로 영화를 보는데 사용하는 P2P(PEER TO PEER라고 한다) 기술을 응용하는데, 그것으로 훌륭하게 돈의 구실을 할 수 있는 세계를 창조한 것이다. 인터넷상에서 누구의 규제도 받지 않고, 그 옛날 금을 가지고 물건을 거래했던 것과 같은 방식으로 사용된다. 그러다 보니 오늘날 정부가 통제하는 법화와는 궤를 달리하고, 그다지 따뜻한 시선을 받고 있지는 못하다. 그러나 알 만한 사람은 누구나 다 안다. 비트코인은 돈의 진화된 형태이며, 바로 미래의 돈이라는 것을. 그 핵심에 블록체인이라는 기술이 있다.

블록체인은 공개장부 또는 분산장부라고 불린다. 누구에게나 공개되어 있고, 여러 컴퓨터에 분산 저장되어 있다 보니 그러한 이름이 붙었다. 이것은 IT 역사에 기억할 만한, 획기적인 기술이다. 자판기에 동전을 넣고 콜라를 빼먹는 것이 가게와 점원의 필요를 없앴듯이, 블록체인은 서로 모르는, 신뢰할 수 없는 두 사람이 인터넷을 통하여 돈과 각종 자산을 자동으로 거래하는 것을 가능하게 하기 때문이다. 가장 초보적인 것이 비트코인이었으나, 그 무궁무진한 가능성을 눈치챈 글로벌 금융기관과 벤처들은 본격적인 연구와 개발에 착수하였다. 이미 그 진화된 형태로 리플과 같이 송금에 특화된 서비스, 에테리움과 같은 자산거래 플랫폼이 출현했다. 그러나 머지않아 블록체인은 은행시스템 여기저기에서 불쑥불쑥 솟아오르면서 그 지평을 완전히 다르게 만들 것이 틀림없다.

이 책은 블록체인으로 가는 디지털 머니의 진화과정을 추적한다. 우리가 무심하게 넘겼던 굵직굵직한 이벤트들을 심층 탐사하여 쉽게 풀어보고자 한다. 그 여행에 여러분을 초대하고 싶다. 신기하며, 재미있고, 깨달음이 많은 그러한 여행이 되기를 바라며.

1장
돈의 진화

일상에서 사용되는 디지털 머니

요즘은 불황의 시대라고 한다. 취업도 곤란해지고 긴 백수 시절을 보내거나 임시직으로 직장생활을 시작하는 사람이 많다. 그러다 보니, 이전처럼 밥값을 서로 내겠다고 다투는 모습은 점점 사라진다. N 분의 1의 문화가 시작된 것이다. 더구나 예전처럼 현금으로 결제하는 것이 아니고 저마다 카드를 꺼내 든다. 식당주인은 내색은 못하지만 귀찮아 죽을 지경이다. 한창 바쁜 점심시간이라, 서빙을 도울 일도 많건만 몇 장의 카드를 각각 결제하느라 진땀을 빼고 있다. 이럴 때 미국의 벤모라는 것이 있으면 얼마나 좋을까? 예를 들어 한 명이 손을 들고 자신의 카드로 결제한다. 그리고 친구들은 각자 직장에 돌아가 스마트폰의 벤모 앱을 켜고 '야 오늘 잘 먹었다. 오랜만에 봐서 반가웠다,' 이런 짧은 메시지와 함께 자신이 낼 액수를 적고 송금 버튼을 터치한다. 친구의 은행계좌를 몰라도 되고, 그의 전화번호는 이미 휴대폰에 입력되어 있다. 하기야 우리나라에도 카카오페이와 네이버페이가 있어 비슷하게 처리할 수 있다. 하지만 아직 불편하고 많은 사람이 사용하지는 않는다.

만약 점심값을 대표로 계산하는 사람이 삼성전자가 만든 스마트폰을 갖고 있다면, 그는 아예 카드를 꺼내지도 않고, 카드결제단말기에 스마트폰을 갖다 대어 결제를 할 수도 있다. 이것이 삼성페이다. 오늘날 많은 사람들이 휴대폰 케이스에 신용카드 몇 장을 꽂아 들고 집을 나선다. 어쩌다 지갑을 집에 놓고 와도 별로 불편할 것이 없다. 만 원 미만의 소액이라도 신용카드를 받지 않는 상점은 한국에 없다. 현금이 필요 없는 세상이 되었고, 이제 돈은 휴대폰 속으로 들어가게 되었다. 우리는 이것을 디지털 머니라고 부를 것이다. 그리고 돈이 어떻게 시작되어서 디지털 머니로 발전하였는지, 그리고 지금 어디로 가고 있는지 그것을 추적하는 여행을 하려고 한다.

돈의 시작

돈이란 무엇인가? 이러한 질문은 황당하기는 하지만 한번 생각해보면 의외로 깊은 문제이다. 경제학 원론 책을 찾아보면 화폐는 '사람들이 타인으로부터 재화서비스를 구입하기 위해 일반적으로 사용하는 자산'이라고 정의되어 있다. 원시시대에는 물물교환을 통해서 서로가 원하는 것을 교환하였다. 그것은 아마도 목축을 하는 부족들 사이에서 소와 말을 교환하는 식의 거래에서 시작되었을 것이다. 영어의 자본(Capital)이라는 단어가 라틴어의 '소의 머리(Caput)'에서 유래되었다는 것은 그 사실을 잘 반영해준다. 인도의 동전 '루피(rupee)'도 '소떼(rupa)'라는 단어에서 유래하였다고 한다. 그러나 '욕구의 일치'라는 것은 쉽지 않아서 이러한 방식으로는 거래가 결렬되기 일쑤였을 것이다. 예를 들어, 나는 소 한 마리를 염소 네 마리와 바꾸고 싶어 하는데, 상대방은 염소 한 마리로 도자기 열 개를 얻고자 하면 어떻게 할 것인가? 또 무거운 물건을 교환한다고 하면, 그것을 교환 장소까지 옮기는 것도 보통 문제가 아니었다. 그래서 이 문제를 해결하는 방법으로 조개, 연장, 장신구, 반지 등을 교환의 매개체로 사용하기 시작하였다. 이집트에서는 벽돌이 돈으로 사용되었고, 인도에서는 쌀이 돈으로 사용되었다. 모두 일상생활에서 유용한 물건들이었으므로 가치의 저장수단으로 유용했다. 또한 그것을 만드는 데 얼마나 많은 노동이 필요한지 추측할 수 있으므로 가치의 척도로도 기능할 수 있었다. 화폐의 3대 기능이라고 불리는 교환의 매개수단, 가치의 저장수단, 가치의 척도를 모두 충족시키는 물건이었다.

금속주화의 시대

그러다가 인류는 청동기 시대를 맞는다. 청동은 무기, 연장, 그릇으로 사용할 수 있는 아주 유용한 물건이었다. 또 막대 형태로 만들거나 쪼개어 나눌 수도 있었다. 청동이 상당 기간 돈처럼 사용되었다는 것은 고대 유적이 증명한다. 그러나 청동은 너무 무겁지 않은가? 그래서 사람들이 찾아낸 것이 금과 은이다. 금과 은은 그 자체로 매우 아름다워 장신구로도 사용할 수 있고, 청동보다 훨씬 귀하며, 가볍고, 이러저러한 모양으로 주조하기도 쉽다. 금과 은 덩어리가 세상의 모든 곳에서 돈으로 사용되었던 것을 보면 이들 귀금속이 돈의 속성을 아주 잘 충족시켰다는 것을 알 수 있다.

그러다가 기원전 550년경에 중동의 고대국가인 리디아에서 최초의 금화가 사용된다. 왕이나 신의 모습이 새겨진 금화와 은화가 국가에 의해서 대량으로 주조되기 시작한 것이다. 고대 그리스에서는 금화와 은화가 아주 일반적으로 사용되었다고 한다. 그리스의 도시국가에서는 아주 화려한 문명이 발전하였다. 그리고 도로와 상하수도와 같은 공공 시설물을 건조하여야 했기 때문에 이를 위해서 노동력을 징발하고 임금을 지급하는 수단으로 금화와 은화를 사용한다. 금화의 주조권은 도시국가의 정부가 가지고 있었으며, 아테네가 아주 유명한 조폐국가였다고 한다. 근처에 아주 큰 은 광산이 있었고 가까운 무역 항구에는 환전상들이 번성했다.

신용화폐의 탄생

은행이 유럽 중세의 상인들로부터 생겼다는 것은 잘 알려진 사실이다. 상인들은 많은 돈을 지니고 다녔기 때문에 강도의 위험이 컸고 특히 원거리 무역을 하는 상인들이 그러했다. 따라서 이들의 돈을 맡아주고 대신 예금증서를 주는 은행업자가 처음으로 나타나기 시작한다. 이 예금증서를 신용장이라고 불렀다. 상인은 신용장을 들고 다른 도시의 은행에 가서 돈으로 다시 찾을 수 있었다. 심지어 다른 나라의 은행에서도 그렇게 할 수 있었다. 은행끼리는 서로 간에 그렇게 하기로 약속했기 때문이다.

상인이 다른 나라에서 물건을 수입하고 그 대금을 어음으로 지급하기도 하였다. 어음을 받은 자는 자기 나라에 있는 은행에서 돈으로 바꿀 수 있다. 신용장과 어음은 사실상 한 뿌리에서 나온 용어이다. 환어음은 예금주가 일정액의 돈을 자신의 채권자 앞으로 작성한 것이고, 신용장은 자신 앞으로 작성한 것일 뿐이다. 예금한 계좌에서 다른 계좌로 옮길 수도 있게 되었다. 이것을 지로라고 부른다. 예금주는 증서를 가진 특정인에게 지급하도록 은행에 지시할 수 있었다. 이것을 수표라고 부른다. 중세 유럽에서는 오늘날 우리가 볼 수 있는 수많은 신용화폐가 탄생하였다.

지폐와 은행권

지폐는 중국의 송나라 (960~1279)에서 최초로 만들어졌다고 한다. 송은 상업혁명이 일어났다고 할 정도로 경제가 발전했던 나라이다. 번성하던 상거래를 매개하기에는 기존의 금, 은이 너무 무겁고 불편했던 것이다. 이 신기하면서도 오늘날 너무나 당연하게 생각하는 지폐가 유럽에서 발행되기 시작한 것은 1483년 스페인에서였다고 한다. 당시에는 스페인의 기독교 군대가 이슬람 세력을 몰아내는 십자군 전쟁의 시대였다. 알함브라의 요새에서 이슬람 군대의 포위에 시달리던 기독교 군대의 사령관은 금화가 다 떨어졌지만, 어떻게 하든 군수물자를 조달해야 하는 상황에 몰린다. 그는 급하게 종이에다가 꼭 돈을 갚겠다고 쓰고 서명을 한 후 이것을 상인들에게 건네준다. 1685년 캐나다에 있었던 프랑스 식민지의 총독은 자신의 병사에게 봉급으로 줄 금화가 부족하자, 군대 내의 모든 트럼프 카드를 징발하여 거기다가 자신의 서명을 한 후, 이것을 화폐라고 선언한다. 물론 나중에 금화와 꼭 바꾸어 주겠다는 약속과 함께였다. 그러나 이 카드가 무려 65년이나 화폐로 사용되었다고 한다.

오늘날과 같은 은행권은 16세기 런던의 상인들이 자신의 금화를 금세공인에게 맡긴 데서 시작되었다고 한다. 금세공인들은 이미 은행 노릇을 하고 있었는데, 이렇게 맡은 금화 대신 보관증을 써서 상인들에게 주었다. 이것은 언제든지 금화와 교환이 보장되는 것으로써 오늘날 은행권의 어머니쯤 된다. 수많은 은행이 난립하여 각자의 은행권을 발행하는 시대가 한동안 계속되었다. 그러다가 1694년 영국은행이 최초의 중앙은행으로 설립되었다. 처음에는 수많은 전쟁을 치르느라고 금고가 텅 빈 왕에게 거액의 대출을 해주고, 대신 자신이 발행하는 은행권에 대해서는 금화로 지급할 것을 정부가 보증해주는 방식이었다. 심지어는 영국 정부 소유의 금을 독점적으로 보관하기까지 하였다. 이 바람에 금세공인이 운용하던 영세 은행들은 순식간에 쫄딱 망하고 런던 거리에서 사라진다. 그래도 수많은 은행이 각지에서 은행권을 발행하며 경쟁하였다. 그러다가 마침내 1844년 은행 면허법을 만들어 오로지 영국은행에서 발행한 은행권만을 법화로 인정할 것이라고 선언하게 된다. 오늘날 중앙은행권이 성립하게 된 것이다.

은행계좌이체

내가 친구에게 송금하는 경우를 생각해보자. 만약 나와 친구가 같은 은행을 사용하고 있다면 내가 일부러 예금을 찾아서 현금을 들고 친구를 만나 건네줄 필요가 있을까? 은행에서 계좌이체를 하면 되는 것이다. 은행의 내 계좌에서 얼마가 줄고, 친구의 계좌에는 똑같은 금액이 는다. 은행은 과거에는 회계장부에다 더하고 빼기를 했을 뿐이며, 오늘날은 컴퓨터로 그렇게 한다. 본시 이 방식은 중세 이탈리아 환전상들이 시작했다고 한다. 따라서 이 경우 현금은 필요 없으며, 주고받는 것은 정보일 뿐이다. 14세기 이탈리아의 환전상들은 환전 외에도 이러한 업무도 겸하다가 나중에는 아예 이것만 하는 상인도 나타나게 되었고, 17세기 네덜란드에서 이체만 전문적으로 하는 대체은행으로 완성된다. 만약 나와 친구가 다른 은행에 계좌를 갖고 있다면 이 방식은 곤란하지만, 은행 간 정산을 통해서 결제한다. 내 은행의 계좌에서 액수를 줄이고, 친구의 은행계좌에서 액수를 늘린다. 사후에 은행끼리 금을 주고받는다. 나중에는 이조차 하지 않고 은행 장부에 기록만 해두게 된다.

신용카드: 외상 장부

오늘날 가장 많이 사용되는 결제수단인 신용카드는 언제부터 생겼을까? 역사를 거슬러 올라가면 1894년 미국의 호텔, 크레디트 레터 컴퍼니(Hotel Credit Letter Company)에서 단골투숙객에게 발급한 종이 신분증이 최초라고 한다. 현금이 없어도 이 신분증을 제시하면 호텔에 투숙할 수 있었다. 일종의 외상판매인 셈이다. 1915년에는 호텔과

백화점에서 크레디트코인(credit coin)이라는 것을 단골손님에게 나누어 주었다. 구리로 만들어, 가운데 구멍을 뚫어 놓고 열쇠고리에 끼워서 갖고 다녔다. 한동안 한국에서 사용하던 버스 토큰과도 같은 것이었다. 단골손님이 호텔에 코인을 제시하면, 장부에 있는 그의 계정에 기록한다. 그리고 그는 나중에 계정의 기록을 보고 한꺼번에 결제한다.

오늘날과 같은 현대적 신용카드의 효시는 1951년 다이너스클럽이라고 한다. 말 그대로 저녁을 먹는 사람(Diner)의 클럽이다. 뉴욕의 사업가, 프랭크 맥나마라는 유명식당에서 저녁식사를 마치고 계산을 하려다가 지갑을 사무실에 놓고 나온 것을 알게 되었다. 순간 당황했으나 다행히 그는 단골손님이었다. 나중에 갚겠다는 말로 망신을 당하지 않고 곤란한 상황을 빠져나올 수 있었다. 이 나쁜 기억이 머릿속에서 사라지지 않던 그는 다시 식당에 돌아와 다이너스클럽이라고 적은 카드를 내밀고, 앞으로 여기에 사인한 후 한꺼번에 결제하겠다고 제안한다. 단골손님인 그를 식당에서는 잘 알고 있었고, 속으로는 오히려 쾌재를 부르며 마지 못한 듯 동의한다. 오늘날 한국에서도 단골가게에 장부를 두고 외상 밥을 먹는 경우는 흔하다. 회사는 매달 한 번씩 장부를 보고 한꺼번에 결제한다. 최초의 신용카드가 이렇게 탄생한 것이다. 그는 가까운 친지에게 같은 모양의 카드를 나누어 주고, 그 카드를 받을 가맹점 식당을 물색했다. 당시의 카드는 종이로 만들어져, 고객의 이름, 유효기간, 그리고 사용이 가능한 가맹점 리스트가 달린 조그만 책자 같은 것이었다. 그리고 이 방식은 아예 사업이 되어 신용카드로 발전한다. 오늘날 다이너스카드는 세계적인 금융기관인 시티그룹이 소유하고 있다.

우리나라에서는 1968년 신세계 백화점이 고객들에게 발행한 것이 최초
였다. 단지, 백화점에서만 사용할 수 있었다. 그리고 1978년 외환은행
에서 비자와 제휴하여 비자카드를 발급하였고, 1980년에는 국민은행에
서 최초로 자체 카드를 발급하면서 본격적인 신용카드의 시대를 열게
되었다.

디지털 머니의 시대

신용카드는 처음에 수표와 어음처럼 손으로 기록하고 정산소를 거쳐서
처리되는 방식이었으나 통신기술의 발전에 따라 드디어 전자적으로 결
제되기 시작한다. 고객의 은행계정에서 얼마를 빼고, 판매점의 은행계
정에서 얼마를 더하는 간단한 방식을 전자적으로 처리할 수 있게 된
것이다. 그리고 문득 인터넷의 시대가 다가왔다. 이제 고객은 판매장에
가서 직접 카드를 제시하고 결제할 필요가 없게 되었다. 인터넷에 연결
된 PC에서 카드정보를 입력하고 마우스를 클릭하기만 하면 된다. 모든
프로세스는 이전과 별반 달라진 것이 없다. 1990년대 휴대폰의 시대
를 거쳐 2009년 아이폰이 도입되면서 마침내 우리나라에도 스마폰의
시대가 막을 열었다. 이와 함께 스마폰에서 결제할 수 있는 앱이 경쟁
적으로 나타나기 시작했고, PC에서 하던 방식을 똑같이 모바일에서 재
현할 수 있게 되었다. 오늘날 우리는 디지털 머니의 시대를 살고 있다.

조개에서 시작된 돈이 마침내 휴대폰으로 들어온 것이다. 우리가 일상 생활을 하는데 반드시 현금이 필요하고 은행이 필요한가? 기술적으로 만 말하자면 지금도 답은 '아니다' 이다. 이미 아프리카 케냐에서는 휴 대폰으로 현금과 은행이 하는 일을 모두 처리할 수 있다. 선진국에서는 어떠한가? 그들은 조금 다른 경로를 밟고 있기는 하나, 종국적으로 돈 이 휴대폰으로 흘러들어간다는 점에서는 크게 다르지 않다. 이 책에서 는 그러한 흐름상에 놓여 있는 굵직한 사례들을 쫓아가 보고자 한다.

2장
엠페사

엠페사의 기원

엠페사(M-PESA)는 케냐에서 제공되는 모바일 금융서비스이다. 영국의 주간지 이코노미스트는 이를 모바일 머니라고 불렀다. M은 모바일, PESA는 아프리카 스와힐리어로 돈이라는 뜻이다. 은행계좌가 없어도 휴대폰 하나로 결제와 송금이 가능하다. 케냐와 같은 곳에서 어떻게 금융서비스를 제공할 것인가? 우리나라에서 흔하게 볼 수 있는 은행지점도 별로 눈에 띄지 않는다. 계좌를 갖고 있는 사람도 태부족이며, 신용카드는 말할 것도 없다. 그러나 휴대폰은 다르다. 누구나 아주 싼 가격으로 중국산 휴대폰을 가질 수 있다.

아프리카 대부분의 나라가 그렇듯이 케냐도 유선통신망이 제대로 깔리기도 전에 이동통신의 시대를 맞이하였다. 대도시가 있지만 대부분의 사람은 농촌에 흩어져 살고 있으며, 더군다나 국민 대다수가 가난한 이 나라에서 언제라도 전화가 되는 유선전화기가 집집마다 갖추어지는 시절은 꿈만 같은 것이었다. 그러나 기술의 위대한 발전은 휴대폰이라는 대안을 케냐에 선물하였다. 다만, 이 가난한 나라에서 주로 사용되는 방식은 우리처럼 통신사에 가입하고 매달 기본료를 내는 시스템(후불시스템)이 아니고 돈을 미리 내고 이용할 만큼 통화분수(Airtime)를 사는 시스템(선불시스템)이다. 흔히 우리나라를 잠시 방문하는 외국 관광객들이 사용하는 방식이다. 그런데 케냐를 비롯해 인근 아프리카 국가에서는 재미있는 현상이 발견되었다. 사람들이 이 통화분수를 현금처럼 사용하는 것이다. 통화분수를 팔기도 하고, 친척에게 현금처럼 전송하기도 하며, 상품을 구매하기도 한다. 우리도 조선시대까지 쌀과 포목을 현금처럼 사용하던 시절이 있었다. 사람들은 문명의 발전을 현명하게 생활에 이용하는 것이다.

영국의 국제개발부(Department for International Development UK)는 해외원조를 수행하는 기관으로 한국의 국제협력단(KOICA)에 해당한다. 2002년 이 기관으로부터 자금지원을 받아 프로젝트를 수행하는 연구기관에서 이러한 현상을 발견하고, 보고서로 만들어 국제개발부에 제출하였다. 연구원들은 이것이 좋은 돈벌이가 될 것으로 생각하고, 모잠비크의 통신회사인 Mcel에 접근하여 공동사업을 제안한다. 그래서 나온 것이 통화시간과 현금을 교환해주는 상품(Airtime Credit Swapping)이다. 아예 통신회사 대리점에서 통화시간을 현금으로 바꾸어주고 수수료를 받는 것이다. 국제개발부는 연구원들을 영국의 통신사 보다폰(Vodafone)에 소개하였고, 이들은 보다폰의 직원이 되어 이 아이디어의 사업화에 본격적으로 참여하게 된다.

보다폰은 영국회사이지만 세계적인 통신사이다. 유럽을 위시하여 아시아, 아프리카 등 전 세계 곳곳에서 이동통신사업을 한다. 보다폰은 이것이 개발도상국에서 할 수 있는 좋은 사업 아이템이라고 생각하고, 자신이 통신사를 갖고 있는 케냐에서 시험적으로 도입해본다. 케냐의 최대 이동통신회사인 사파리콤(Safaricom)은 원래 케냐 정부가 운영하는 국영회사였으나 보다폰은 지분의 40%를 사들여 최대주주가 되었다. 엠페사는 2006년 시범 서비스를 거쳐 2007년 3월부터 본 서비스가 시작되었다. 결과는 대성공! 불과 4달 만에 25만 명이 이 서비스에 가입하였다. 2013년 기준으로 1,700만의 케냐사람이 사용하고 있으며, 이는 성인인구의 2/3에 해당한다. 또한 GDP의 25%가 이 시스템을 통하여 흘러가고 있다.

엠페사의 성공요인

엠페사의 성공요인은 역설적으로 이 나라의 낙후된 금융환경 때문이었다. 다른 빈곤국가가 그렇듯이 케냐도 소액대출에 대한 사람들의 필요는 컸으나 은행의 문턱은 너무 높았다. 급전이 필요하면 이웃이나 친척에게 빌리거나 높은 이자를 주고 고리대금업자에게 빌릴 수밖에 없었다. 우리에게도 얼마 전까지 그러한 시절이 있었다. 한국의 새마을금고와 같이 소액대출전문기관이 없는 것은 아니었다. 그러나 대부분은 나이로비 등 대도시에 집중되어 있어 대부분의 사람에게는 그림의 떡이었다. 설령 이들 금융기관에서 돈을 빌리는 데 성공하더라도 이자와 원금을 갚는 것은 보통 문제가 아니었다. 단순히 돈 문제뿐만이 아니라, 지점이 별로 없고 대중교통도 발달하지 못해서 지점까지 가는 것도 큰일이었다. 따라서 휴대폰을 이용해 돈을 빌리고, 돈을 편리하게 갚을 수 있게 됐다는 것은 정말 반가운 소식이었다. 금융기관은 큰돈을 들여 지점망을 확장하지 않아도 되었고, 사람들은 휴대폰으로 편리하게 돈을 빌리고 갚을 수 있었기 때문에 대출규모는 크게 늘어났다.

송금도 큰 문제였다. 우리도 그런 시절이 있었듯이 케냐에서도 젊은 사람들은 고향을 떠나 대도시에서 일자리를 잡는다. 먹을 것, 입을 것을 참고 애써 모은 돈을 고향의 가족에게 송금하는 것은 이들에게 자랑이고 의무이다. 그런데 어떻게 돈을 보낼 것인가? 당시 케냐인들이 주로 이용하던 교통수단은 마타투(Matatu)라고 불리는 소형버스였다. 자신의 고향을 지나는 버스의 운전기사에게 수고비를 얹어주고 돈 전달을 부탁하는 것이다. 그러나 이들은 면허를 갖고 영업하는 것이 아니라 단지 부업으로 그렇게 할 뿐이었다. 송금은 시간이 무척 걸리는 일이었고, 도중에 배달 사고가 나기도 했다. 공식적인 송금서비스를 제공하는 우체국이 있기는 했다. 그러나 우체국의 서비스 비용은 매우 비쌌고, 더구나 지점도 많지 않았다. 만약 버스 기사를 믿을 수 없다면 자신이 일을 쉬고 직접 돈을 들고 가는 수밖에 없었다. 그러나 그렇게 한다면 그동안의 급여도 날아가고 여행에 드는 돈도 만만치 않을 뿐만 아니라 재수 없으면 중도에 강도를 당할 위험도 컸다. 엠페사가 처음 출시되었을 때 '집으로 돈을 보내자' 라는 광고카피를 사용한 것은 이러한 욕구를 잘 읽은 마케팅 전략이었다. 초기의 타깃 소비자들은 이처럼 고향으로 송금해야 하는 도시거주자들이었다. 버스의 옆구리에 엠페사의 광고문구가 등장하기 시작했고, 이어서 TV와 라디오, 나중에는 페이스북과 트위터에도 엠페사의 광고가 등장한다.

반대상황도 있었다. 2008년 이 나라에는 부족 간 폭력이 발전하여 폭동이 발생한다. 대통령선거에서 당초 우세하던 후보가 떨어지는 이변이 발생한 것이다. 낙선 후보는 부정이 있었으므로 선거가 무효라고 주장하고, 개표를 참관하던 외국인들도 이를 지지했다. 개표를 담당하던 개표인들이 투표함을 통째로 들고 사라지는 일도 있었다. 개발도상국에서 흔히 있는 일이지만 승자의 부족은 승리의 과실을 공유한다. 부와 권력을 승자의 부족이 독식하는 경우가 발생하는 것이다. 투표결과를 놓고 양 부족 출신들이 거리에서 난투극을 벌이는 사건이 일어나고 나이로비는 무정부 상태로 변했다. 사람들이 치고받고 싸우며, 차가 뒤집혀서 불타고 있는 모습이 거리에 연출되었다. 이 참담한 상황이 TV로 생방송 되었고, 나이로비에 친척과 친구가 있던 사람들은 발을 동동 굴렀다. 그리고 휴대폰으로 이들의 안부를 묻기도 하고, 또 휴대폰으로 나이로비 빈민가에 고립된 이들에게 송금하기도 하였다. 이러한 모습 또한 TV로 중계되고, 사람들의 입과 귀를 통해서 퍼지면서 방금 출시된 엠페사는 날개를 달게 되었다.

사파리콤은 대리점을 통해서 엠페사 서비스를 도입하였다. 대리점은 흔히 거리에 널려 있는, 생필품과 음료수를 파는 소매점들이었고 사람들은 이러한 소매점들을 별로 믿지 않았다. 허름하고 지저분하며 콧구멍만 한 소매점에 누가 돈을 맡길 것인가? 그러나 사파리콤은 믿을 만했다. 케냐 1위의 사업자이고 또한 세계적인 통신사인 보다콤이 운용하는 회사인 것이다. 그래서 사파리콤은 사람들이 엠페사 대리점과 자신을

〈그림〉 엠페사 서비스를 하는 소매점

동일시하도록 마케팅 전략을 수립하였다. 사파리콤의 로고 색깔인 녹색을 모든 엠페사 대리점에 칠하도록 한 것이다. 때마침 불어 닥친 휴대폰의 붐은 사람들의 휴대폰 보급률을 빠르게 높였고, 이는 엠페사의 가입을 확장하는 데 큰 기여를 하였다. 사파리콤은 자신의 통신가입자를 대상으로 엠페사 가입을 독려한 것이다. 역으로 엠페사 서비스의 편리함은 휴대폰의 보급을 더욱 촉진하는 상승작용이 일어났다.

엠페사의 운영 방식

엠페사의 이용은 매우 쉽다. 사파리콤의 대리점에 가서 엠페사 가입

신청을 하고, 자신의 휴대폰 번호를 등록한다. 대리점 주인은 자기 휴대폰에 가입자의 휴대폰 번호를 저장하고, 가입자의 주민등록증을 통해 본인 여부를 확인한다. 가입자가 현금을 건네주면, 대리점 주인은 그 금액만큼 엠페사 계정으로 송금한다. 이제 이 가입자는 엠페사를 이용할 준비가 된 것이다. 그는 휴대폰의 엠페사 버튼을 누르고 상대방 휴대폰 번호와 송금액수를 입력한 다음, 송금 버튼을 누른다. 송금이 완료되면 사파리콤에서 문자가 날아와 송금 사실을 확인해준다. 반대로 송금을 받으면 이와 함께 메시지가 날아오며, 엠페사 대리점에 가서 이 메시지를 보여주면 대리점에서 돈을 받을 수 있다. 다만 엠페사는 소액거래에 특화되어 있다. 거래액이나 예금액에 상한이 있는 것이다. 엠페사의 계정은 휴대폰의 번호와 연동되어 있다. 가입자의 정보는 플랫폼에 저장되어 있으므로 휴대폰이나 유심카드를 잃어버려도 안전하다. 모든 거래는 4자리의 비밀번호(PIN)를 입력해야 한다.

엠페사는 송금에서 시작하여 다양한 영역으로 서비스를 확장하였다. 통화시간의 구매, 상품의 구매, 전기통신수도요금의 결제, 공과금의 납부가 모두 가능해졌다. 엠페사는 은행서비스도 제공한다. 엠쉬와리(M-Shwari)라고 한다. 휴대폰으로 은행계좌를 오픈하고 운영할 수 있다. 은행에 가서 복잡한 서식을 작성하지 않아도 된다. 수수료 없이 엠페사 계정에서 은행계좌로 입출금을 할 수 있다. 최소의 화폐단위인 1케냐 실링부터 예금이 가능하고 이자가 붙는다. 언제 어디서나 최저 100케냐 실링의 대출이 가능하고 대출금은 엠페사 계정으로 즉시 입금된다.

대출이자율은 2016년 기준 연 7.5%이다. 낮다고 볼 수는 없지만 결코 고리대금이라고 볼 수 없는, 은행 이자율보다 약간 높은 수준이다. 반대로 예금금리는 금액별로 차등화되어 있다. 1만 케냐 실링까지는 2%, 2만까지는 3%, 5만까지는 4%, 그 이상은 5%와 같은 식이다. 대출을 받기 위한 조건은 최소 6개월 이상 엠페사 이용자이어야 하며, 엠쉬와리 계정에 예금액이 있어야 하고, 사파리콤 통신서비스를 지속적으로 이용하여야 한다. 이용자가 얼마까지 대출받을 수 있는지를 알려면 엠페사에 전화하면 된다. 또는 휴대폰의 메뉴를 통해서도 확인 가능하다. 대출 기간은 30일이다. 이용자의 신용이 어떤지, 얼마나 대출받을 수 있는지는 지금까지 사파리콤의 서비스를 얼마나 사용하였는지, 그리고 이전의 대출을 얼마나 잘 갚았는지를 통해서 일종의 신용평가시스템으로 결정한다. 다만 한 사람이 한 번에 두 번 이상의 대출은 받을 수 없다. 조기상환은 다음번 대출한도액을 늘리기는 하지만, 조기상환과 관계없이 이자를 지불해야 한다. 엠페사는 영국과 아프리카 일부 국가 사이에서 국제적인 송금서비스도 가능하다.

엠페사는 케냐의 경제에 큰 영향을 미쳤다. 단기에 병원비, 교육비, 재해구조금을 모을 수 있게 해주었으며, 많은 소기업들이 엠페사를 이용하고 있다. 은행은 처음에 이를 경쟁자로 인식하고 케냐 정부를 동원하여 시장에서 퇴출시키려고 시도하였다. 그러나 곧 이것이 대세임을 인식하고 엠페사의 독점을 깨기 위해 비슷한 서비스를 제공하고 있다. 심지어 엠페사보다 더 낮은 수수료로 송금서비스를 제공한다.

엠페사의 대리점은 자신의 돈으로 운영된다. 대리점 주인은 먼저 현금을 주고 모바일 머니를 산다. 이후 자신의 고객들에게 모바일 머니를 현금과 바꾸어준다. 엠페사의 모바일 머니와 현금은 기본적으로 대리점이 소유하고 관리한다. 그러니까 어떤 의미에서 이들도 엠페사의 고객인 셈이다. 엠페사에 입금된 돈은 사파리콤이 아닌 은행에 예금되어 보관된다. 사파리콤은 대리점을 정기적으로 심사하고 감시하며, 중앙은행은 엠페사를 금융기관의 하나로 보고 규제한다. 엠페사는 케냐에서 일종의 은행인 셈이다. 그러나 엠페사는 단지 소액을 보관하고 모바일로 전송하도록 하고 있으며, 은행계좌를 열거나 사업을 위한 대출을 얻는 데는 사용되지 못하고 있어 기존의 은행시스템을 완전히 대체하지는 못하고 있다. 다만, 모바일 금융플랫폼을 통하여 돈을 주고받고 지불수단으로 사용할 수 있다면 현금사용을 줄임으로써 지하경제의 규모와 범죄, 탈세 등도 줄일 수 있을 것이다.

다른 나라에서는?

엠페사의 성공은 휴대폰의 급속한 보급에 결정적으로 힘을 얻었다. 2015년 1분기에 아프리카에 9억 대의 휴대폰이 있으며 아시아에는 37억대의 휴대폰이 있다. 오늘날 세계 곳곳에 엠페사와 유사한 모바일금융서비스가 존재한다. 이동통신협회(GMSA, Global Mobile Systems Association)에 따르면 2014년 89개 국가에서 255개의 모바일금융서비스가 운영되고 있다. 개발도상국 시장의 60%에서 이용이 가능하다.

사하라 이남의 아프리카가 가장 모바일금융이 확산된 곳이다. 그리고 동남아시아와 남미가 그 뒤를 따른다.

2016년 현재 엠페사는 10개국에서 2천 5백만 가입자를 가지고 있으며, 26만 개의 대리점이 있다. 연간 거래횟수는 45억 회에 이른다. 탄자니아, 이집트, 우간다, 모잠비크, 르완다, 콩고 등 아프리카 국가뿐만 아니라 아프가니스탄, 인디아 등 아시아로 확장되고 있으며, 2014년 3월 유럽시장에 대한 테스트 마켓으로 루마니아에서도 출시되고 있다. 2015년 5월에는 알바니아에 진출하였다.

엠페사는 최대 시장인 케냐에서 2천만, 두 번째로 큰 시장인 탄자니아에서 7백만의 가입자를 확보하는 등 전대미문의 성공을 거두었다. 그러나 남아공에서는 상황이 전혀 다르다. 아프리카에서 가장 선진적인 경제를 가지고 있는 이 나라에서는 은행이 저소득층에게도 믿을 수 있고 쉬운 은행서비스를 제공하고 있다. 그 때문에 이 나라에서 엠페사의 고객은 2015년 3월 현재 100만에 불과하다.

이 나라의 주요 은행들은 소박한 수준의 지점과 은행 키오스크를 통해서 시골 지역에서도 은행서비스를 제공하고 있다. 또 은행 자신이 은행계좌가 없는 고객을 대상으로 엠페사와 비슷한 서비스를 하고 있다. 은행의 전자지갑을 통해서 은행계정 없이 휴대폰으로 돈을 주고받을 수 있다. 또한 일부 대형유통점은 거래당 1달러의 수수료를 받고 전국적인 송금서비스를 하고 있다.

엄격한 규제환경도 문제다. 금융규제 당국은 국제송금에 대한 까다로운 규제를 가하고 있다. 대리점 수가 부족한 것도 실패의 원인이다. 케냐의 대리점 수가 6만 개인데 반해, 남아공에는 8천 개밖에 안 되었다. 이에 따라 보다폰은 남아공에서 전략을 수정하고 있다. 처음에는 모바일 머니 솔루션으로, 다음에는 모바일 머니 지갑으로 포장해서 돈을 보관하도록 하였으나, 현재는 일종의 플랫폼으로, 휴대폰에 링크된 비자카드를 이용하여 지불하도록 하는 방식도 병용하고 있다.

결국 모바일 머니의 성공은 기존의 금융산업의 환경과 정부의 규제에 달려 있다는 것을 잘 보여주고 있다. 대체로 정부는 엠페사와 같은 모델이 돈세탁과 탈세 등에 사용될 것을 우려하며, 기존에 자리 잡은 금융기관과 협업하는 것을 더욱 편안하게 생각한다. 또 엠페사의 서비스 주체가 통신사라는 것도 귀찮은 일이다. 정부 내 금융규제기관과 통신규제기관이 협조해야 하고, 업무영역을 놓고 갈등을 일으키는 일도 발생할 것이기 때문이다. 그러나 모바일 머니는 서비스 주체가 통신사가 되었든, 기존의 금융기관이 되었든, 아니면 제3의 사업자가 되었든 확산될 수밖에 없는, 기술의 대세인 것이다. 다음 장에서는 전자상거래 업체 알리바바가 어떻게 모바일 머니 사업자로 발전하는지에 대해서 살펴보자.

3장
알리페이

온라인 쇼핑의 성장과 새로운 지불수단의 등장

인터넷의 발달은 사람들의 활동을 온라인으로 옮겨왔고, 그중에 대표적인 것이 쇼핑이다. 옷을 갈아입고, 화장도 하고, 시간을 들여가며 차를 타고 매장까지 나갈 필요가 없다. 잠옷을 입고 의자에 늘어진 자세로 PC 화면을 들여다보며 마음에 드는 상품을 클릭하면 된다. 그런데 온라인에서 상품을 구매하면 지불은 어떻게 하나? 물론 은행계좌 이체와 신용카드가 좋은 수단이기는 하다. 그런데 계좌도 없고 카드도 없다면? 이것이 중국 온라인 쇼핑의 발전에 큰 문제가 되었다. 심지어는 미국과 같은 나라에서도 이러한 수단을 갖지 못한 사람들이 적지 않다. 하물며 신용카드는 물론이고, 은행계좌도 갖지 못한 사람이 태반이고, 또한 인터넷이라는 말을 들어본 사람도 별로 없던 90년대 초반에 중국에서 온라인 쇼핑 사업을 하려면 도대체 어떻게 해야 할까? 이 어려운 일을 알리바바의 마윈이 해냈다. 바로 알리페이를 가지고. 그것을 정확히 이해하려면 먼저 알리바바의 스토리를 들어볼 필요가 있다.

마윈의 성장사

중국 온라인 쇼핑몰의 대명사 알리바바의 창업자는 삐쩍 마르고 왜소하며 그다지 잘생기지 않은 마윈 회장이다. 1964년 중국 항저우에서 태어난 그는 어렸을 때 선생을 때리기까지 하는 문제아로 학교의 골칫덩어리였다. 학교 성적도 그저 그랬다. 다만, 영어에 빼어난 재능과 열정을 보여 국내에서 영어를 공부한 토종치고는 놀랄 만큼 유창한 영어를 구사하였다. 그러나 수학에는 젬병이라 그것 때문에 대학입시에도 몇 번 실패하고 간신히 항저우 사범대학 영어과에 입학한다. 당시 사회주의 중국에서는 취업의 자유가 제한되어 있었고, 국가에서 직장을 알선하던 시절이다. 졸업 후 동기들이 대부분 중학교 영어 선생으로 갔음에도 그는 우수한 영어 실력을 인정받아 항저우 전자공업대학의 영어 강사로 발령을 받는다. 총장의 특별추천 덕분이었다. 여기서 그는 인기 만점의 영어 강사였고, 또 발군의 영어 실력을 이용하여 무역회사가 많았던 항저우에서 번역 일로 아르바이트를 하기도 하였다. 그는 번역이 돈이 될 것으로 판단하고, 1992년 항저우 최초의 영어번역회사인 '하이보 번역회사'를 창업한다. 그러나 그의 예상과는 달리 이 회사로 큰돈은 벌지 못하고, 몇 년간 고전을 면치 못한다. 종국적으로 망하지는 않았지만.

그리고 사업관계로 출장 간 미국에서 그는 난생처음으로 인터넷이라는 것을 본다. 야후의 검색 창에 '맥주'라는 단어를 쳐 넣자 온 세계의 맥주가 쏟아져 나오는 신기한 경험을 하면서 그는 흠뻑 인터넷에 빠져들었다. 그러나 china라는 단어를 쳐 넣자 아무것도 나오지 않았다. 그때까지 중국은 인터넷의 문밖에 있는 국가였던 것이다. 사업적 재능을 타고난 그의 머리에는 즉시 하나의 아이디어가 떠올랐다. 그는 최신형 노트북컴퓨터를 한 대 사 들고 중국으로 돌아와서 1995년 5월 중국 최초의 상업용 사이트인 '차이나 페이지'를 오픈한다. 기업의 홈페이지를 만들어주는 회사였다. 그러나 인터넷의 '인' 자도 제대로 들어보지 못한 사람이 태반이던 중국에서 사람들이 볼 것 같지도 않은 인터넷에 홈페이지를 만들고 이를 마케팅수단으로 활용할 생각을 하는 회사가 몇 개나 되었을까? 오랜 삽질 끝에 간신히 그와 사업관계로 안면이 있던 호텔 사장을 최초의 고객으로 맞는데 성공한다. 아마도 장기적인 사업파트너 관계를 생각해서 한번 선심을 써본 것은 아니었을까? 중국은 관계와 신의의 나라이니까 말이다. 결과적으로 이는 역사적인 사건이 되고 만다. 물론 당시에 이 홈페이지에 관심을 가지는 사람은 별로 없었다. 그러나 그의 머릿속은 '차이나 페이지'를 중국의 야후로 만들겠다는 야심으로 가득 찼다. 정부기관에도 찾아다니며 그의 아이디어를 설명했고, 호기심 반, 의아심 반이던 관리들은 잠시 뜸을 들이다가 그래 한번 해보자, 이렇게 나오게 된다. 그는 마침내 중국 공산당 기관지인 인민일보의 홈페이지 구축 사업을 맡게 되었다. 정부에서 강력한 지지자를 얻게 된 것이다.

알리바바

그는 드디어 1999년 2월 온라인 쇼핑몰 '알리바바'를 오픈한다. 미국 샌프란시스코의 한 카페에서 사업을 구상하다가 찾아낸 이름이었다. '알리바바'! 멋있지 않은가? 열려라 참깨 하면 무엇이든 얻을 수 있을 것 같다. 더구나 알리바바는 그가 베푼 선행 덕분에 나중에 큰 부자가 되기까지 한다. 마윈은 즉시, 카페의 여자 종업원에게 알리바바를 아는가

하고 물어보았다. 그녀는 큭큭 웃으면서 "열려라 참깨?" 하고 대답한
다. 카페 밖에 뛰쳐나가서 지나가던 사람들에게 똑같은 질문을 하였다.
이 어감도 좋은 단어를 모두 안다고 대답하며 고개를 끄덕였다. 바로
세계적인 온라인 쇼핑몰 알리바바가 탄생하는 순간이었다.

우리는 빼빼로데이라고 부르는 11월 11일을 중국은 광군제, 즉 솔로 데
이라고 부른다. 혼자를 나타내는 '1' 자가 무려 4개나 연달아 붙어있
다. 고독한 독신자들끼리 쇼핑이나 하면서 외로움을 달래라고 그러한 이
름을 붙였다고 한다. 2015년 11월 11일 알리바바의 매출이 자그마치 10조
원을 기록했다고 하니, 과연 중국이구나 하는 감탄이 터져 나온다.

그의 고향 항저우에는 '이우' 라는 도매시장이 있다. 우리나라 동대문
시장을 몇십 배 확대해 놓은, 세계에서 가장 큰 도매시장이다. 점포만
도 5만 개이고, 세상에 존재하는 것이라면 없는 것이 없다고 하는 시장
이다. 그 '이우' 시장을 온라인에서 재현하는 것이 그의 꿈이었다. 초
기 알리바바는 눈에 띌 만큼의 경영실적을 보여주지는 못했지만, 중국
최초의 온라인 쇼핑몰에 관심을 갖는 사람들이 서서히 나타났다. '비
즈니스위크'에 그에 대한 기사가 실렸고, 이어 골드만삭스와 같은 세계
적인 회사가 그의 기업에 투자하기로 결정했다. 야후의 제리 양도 이 시
기에 만나 주요한 투자자가 된 사람이다. 미국에서 태어나 미국 사람으
로 성장한 이 사람과 토종 중국인인 마윈은 영어를 잘한다는 것을 제외
하고는 공통점이 거의 없는 사람들이었다. 그러나 두 사람 다 세상에

대한 호기심이 많고 결단력이 있다는 점에서 사업궁합이 잘 맞았던 모양이다. 미국에서 되는 사업이 중국에서 안 될 이유가 있겠는가? 이것이 제리 양의 생각이었고, 그는 중국의 거대한 시장 규모와 잠재력을 보고 긴 호흡으로 투자한다.

그러나 결정적인 성장의 계기는 일본 IT의 영웅 손정의와의 만남이다. 그는 사업에 있어서 놀라운 혜안이 있는 것으로 정평이 있다. 마윈의 말에 따르면 그는 보통사람에게 6시간 설명해도 이해하지 못하는 것을 단 6분 만에 밑바닥까지 깊이 파악한다고 한다. 손정의는 마윈의 사업 설명을 듣자마자 금방 그 가능성을 파악한다. 그리고 얼마든지 투자한다는 백지수표를 책상에 꺼내놓고 대신 지분의 49%를 달라고 주문하였다. 마윈-손정의의 환상 커플이 탄생하는 순간이었다. 골드만삭스에서 받은 5백만 달러, 그리고 손정의의 소프트뱅크에서 받은 2천만 달러, 합계 2천 5백만 달러를 손에 쥔 그는 본격적으로 사업을 확장하기 시작한다.

오늘날 알리바바는 중국에서 가장 큰 온라인 쇼핑몰로 성장하여, 중국의 아마존이라고 불릴만하다. 2016년 3월 이 회사는 연간 거래액이 3조 위안(540조 원)을 돌파하여 미국의 월마트를 추월하였다고 발표하였다. 이 금액은 중국 소매 거래액의 10%에 해당하고 태국의 GDP보다도 높다고 한다. 세계 최대의 소매점인 월마트의 매출액 4천 821억 달러(약 558조 원)에 버금가는 규모이다.

알리바바는 몇 개의 쇼핑몰로 구성되어 있다. 알리바바닷컴은 B2B 사이트로 기업 간의 거래공간이다. 전 세계 240개 국가를 대상으로 수출입 거래를 취급하는 영어 포털도 있고, 중국 국내기업 간 거래를 전담하는 1688.com도 갖추고 있으며, 소기업이 소량을 도매가로 살 수 있는 AliExpress.com도 운영한다.

보물이라는 뜻의 타오바오(淘寶)는 C2C 사이트로, 알리바바는 단순히 장터만 제공한다. 그곳에 상인들이 입점하고 일반 소비자를 불러모아 장사하는 것이다. 광군제에서 하루 매출 10조 원을 기록했다는 곳이 바로 여기다. 알리바바는 등록이나 거래에 따른 수수료를 받지 않으며 광고를 통해서 수익을 만들어낸다. 하늘 고양이라는 산뜻한 이미지의 텐마오(天猫)는 B2C 사이트로 주로 대기업이 입점하여 고급제품을 제공한다. 예전에는 티몰(Tmall)이라는 이름으로 불렸다. 그러니까 타오바오와 텐마오는 중저가와 고급 브랜드를 대표하는 자매 사이트인 셈이다.

온라인으로 시작한 이 회사는 오프라인으로도 외연을 확장하고 있다. 2014년 36개의 백화점을 운용하는 인타임 유통그룹의 지분을 매입하였고, 오프라인에서 결제가 수월하도록 다양한 방안을 강구하고 있다. 스마트폰에 작은 신용카드결제단말(모바일 POS라고 부른다)을 꽂아서 카드로 결제할 수 있다. 아니면 스마트폰 카메라로 바코드나 QR코드를 찍어서 결제하는 방식도 제공한다. 온라인과 오프라인을 통합한 쇼핑몰의 세계 챔피언을 향해서 한 발 한 발 전진하고 있다.

알리페이

2000년 10월 마윈은 B2B 알리바바닷컴을 출시한다. 이것은 기업 간의 거래이므로 지불결제의 문제가 비교적 안정적이었다. 어쨌건 규모가 있고 거래빈도가 잦은 기업 간의 거래이기 때문이다. 그러나 2003년 5월 일반 소비자를 대상으로 하는 C2C 시장, 타오바오를 오픈했을 때는 지불결제가 성패의 문제로 부각되었다. 상대를 볼 수 없는 인터넷에서 어떻게 안전하게 거래할 것인가? 구매자는 판매자를 믿지 못하며, 반대로 판매자는 구매자를 믿지 못한다. 이 골치 아픈 문제를 해결한 것이 바로 알리페이, 중국어로는 즈푸바오(支付寶)이다.

안전결제는 당시 중국 온라인 쇼핑몰 시장에서 가장 큰 걸림돌이었다. 구매자가 구매 버튼을 누르고 그의 돈이 자신의 계좌에서 판매자의 계좌에 입금되는 순간, 구매자는 매우 불리한 상황에 놓이게 된다. 판매자가 돈을 받은 사실이 없다고 딴청을 부리거나, 아니면 엉터리 상품을

〈그림〉 알리페이의 로고

배송하면 어떻게 보상을 받을 것인가? 반대도 있다. 판매자는 내 상품을 전달해 주었는데, 상대방이 훔친 카드나 남의 계좌로 지불하면 어떻게 하나? 더욱이 당시 중국에는 은행계좌나 신용카드를 가진 사람이 많지 않았다. 그러면 그런 사람들에게는 어떻게 물건을 팔아야 하나? 이 문제를 타개하기 전에는 온라인 쇼핑몰의 성장을 기대하기 어려웠다.

그는 미국의 페이팔을 집중적으로 연구한 다음 이를 중국의 환경에 맞도록 개조하여 '타오바오'에 적용하였다. 구매자가 구매 버튼을 누르면 알리페이의 계좌로 돈이 입금된다. 알리페이가 입금 사실을 확인하고 판매자에게 알리면 상품이 배송된다. 구매자는 상품을 받은 후 이상이 없으면 알리페이에 그 사실을 알려주고, 알리페이는 구매자 가상계좌의 돈을 판매자의 가상계좌로 입금한다. 그러면 판매자는 가상계좌에 연결된 은행의 계좌로부터 현금을 인출한다. 이것을 에스크로 서비스, 즉 제3자 담보지급결제서비스라고 부른다. 에스크로 서비스는 오늘날 우리나라의 전자상거래 회사에서도 광범위하게 사용되고 있다.

대면이 아닌 온라인 거래에서는 상품을 놓고 불만과 분쟁이 빈번하게 발생한다. 따라서 이 문제를 원만히 해결하지 못하면 불똥이 쇼핑몰에도 튀어, 매장의 명성에 금이 가기 마련이다. 그래서 이용자와 판매자 간을 연결하는 메신저 서비스인 '알리왕왕'을 통해서 양쪽의 소통을 도와주고 해결이 안 되면 중재에 나서기도 한다. 알리페이가 엄청 편하면서도 믿을 수 있다는 입소문이 퍼지면서 알리바바는 승승장구하기 시작하여, 폭발적인 성장을 거듭한다. 알리바바와 알리페이는 한 몸으로 붙어버린 샴쌍둥이처럼 운명공동체가 돼버린 것이다.

오늘날 알리페이는 전자상거래를 떠나 일반적인 지불수단으로 확장되고 있다. 예를 들어 중국의 허름한 노점에도 '알리페이를 받습니다' 하는 안내푯말이 붙어있는 것을 볼 수 있다. 나는 몇천 원짜리 싸구려 물건을 하나 집어 들고 스마트폰을 꺼내 알리페이 앱을 터치한다. 그러고 나서 그 노점의 QR코드를 스캔하고 결제금액을 입력하여 송금 버튼을 누른다. 6자리의 비밀번호만 누르면 그 밖의 귀찮은 인증작업이 필요 없다. 수수료가 매우 낮기 때문에 상인들도 신용카드보다 선호하며, 알리페이로 지불하면 물건값도 깎아준다. 알리페이는 스마트폰에서 채팅 기능까지 갖추고 있어 둘이 친구 관계를 맺으면 송금을 할 수도 있다. 또한 영화표와 입장권 예매, 기차표와 항공권 예매, 택시요금의 결제, 공과금 납부 기능도 있어 생활의 전 범위를 커버하고 있다. 사실상 현금이 필요 없는 것이다.

알리페이의 충전은 신용카드, 은행카드(직불카드), 충전번호가 있다. 신용카드와 은행카드는 알리페이 계정에 연동하면 되고, 충전번호는 CU 같은 편의점에서 돈을 주고 입력하는 선불카드 방식이다. 중국은 신용거래가 정착하지 않은 사회라 신용카드보다는 은행카드가 압도적으로 많이 사용된다(2016년 3월 인민은행이 발표한 자료에 따르면 누적 발급량이 은행카드 52억 장, 신용카드 5억 장이다). 은행카드는 2002년부터 중국은행 카드 협의체인 인롄(銀聯, 차이나유니온페이)가 독점하고 있는데, 이 시장이 개방될 예정이다. 대상은 비자 등 외국계 카드사도 포함되지만 사람들은 알리페이가 최대의 수혜자가 될 것으로 본다. 노무라증권 보고서에 따르면 2015년 1~3분기 중국의 비은행 지불 시장 점유율을 보면 인롄이 36%를 차지했고, 그 뒤를 알리페이(22%)와 텐페이(8%)가 따르고 있다. 따라서 알리페이가 은행카드까지 발급하게 될 경우에는 진정한 온·오프라인 통합 결제 챔피언이 될 가능성도 있다.

중국인들은 신용카드 시대를 맞기도 전에 모바일 머니의 시대로 들어가고 있다. 우리나라에서 신용카드 인프라가 너무 발달한 때문에 모바일 머니의 진입이 느리게 진행되는 것과는 반대현상이 일어나고 있어 재미있기까지 하다. 알리페이는 2016년 기준으로 실사용자가 4억 5천만 명에 이르고 있으며, 제휴를 맺은 금융기관도 200곳이 넘는다. 또한 알리페이를 받는 오프라인 가맹점도 20만 개에 이르며 해외 30개 국가에서 결제수단으로 사용되고 있다.[1]

알리페이의 확장

그러나 비슷한 서비스가 경쟁자들에 의해서 속속 도입되면서 알리페이는 더 이상 중국 어디에서도 찾아볼 수 없는 유니크한 서비스가 아니게

1. 2016년 4월 16일, 뉴스핌

된다. 마윈은 대응책에 부심하게 되고, 그래서 자신이 운영하는 각종 전자상거래사이트를 연결하여 모두 알리페이로 결제할 수 있도록 하는 방안을 내놓는다. 대신 알리페이는 독립회사로 분리하되 외부의 온라인 쇼핑몰과 제휴하여 이들에서도 지급수단으로 사용될 수 있도록 하였다. 규모의 경제를 극대화한 것이다.

이 과정에서 사업상의 파트너이자 알리바바의 주요주주인 손정의, 제리 양과 날카롭게 대립하는 사건도 발생하였다. 원래 중국에는 인터넷 결제에 대한 정부의 규제라는 것이 존재하지 않았다. 금융에 대한 통제가 까다로운 중국에서 정부가 이것을 검토하겠다고 달려들면 서비스 개시는 하세월이었을지도 모른다. 그러나 중국 정부는 IT와 온라인 쇼핑몰의 발전을 바라고 있었고, 엄격한 규제 하에서 경직되기 짝이 없이 운영되는 제도권 금융 밖에서 새로운 금융산업이 자라나기를 바라는 심정이었으므로, 이러한 움직임을 일부러 눈감아주고 있었다. 다만, 2010년 중국인민은행은 '비금융기관 지불서비스 관리방안'을 제정하여 모든 에스크로 서비스 기업들이 허가를 취득하여 영업하도록 한다. 알리바바 역시 정부의 사업면허를 받아야 하는 상황이 된 것이다.

그러나 그 법규에 '외자 기업이 참여한 회사는 사업면허를 신청할 수 없다'는 조항이 있던 것이 문제가 되었다. 손정의의 소프트뱅크, 제리 양의 야후가 지분을 갖고 있는 알리바바는 '저장 알리바바'라는 자회사를 '계약통제모델'을 통하여 지배하고 있었고, '저장 알리바바'는 알리페이를 자회사로 거느리고 있었다. '계약통제모델'은 중국인이 회사를 설립하고 외국인이 지배권을 가진 기업과 제휴를 통해 수익이 후자로 흘러들어가게 하는 것으로서 외자기업들이 흔히 채택하는 방식이었다. 마윈은 알리페이를 순수 중국 자본회사 산하로 옮겨야 한다, 그렇지 않으면 사업면허를 얻지 못하거나, 용케 얻더라도 나중에 반드시 문제가 될 것이라고 주장하였다. 그러나 손정의와 제리 양은 그에 반대하였다. 무엇이 문제인가? 다들 그렇게 하지 않는가? 결국 누가 실질적으로 알리페이를 지배할 것인가의 문제였다. 몇 번의 회의가 열렸고, 회의실은 전기가 흐르는 것처럼 짜릿짜릿한 긴장감이 넘쳤다. 모기 다리에서도 살을 발라 먹는다는 냉혹한 협상가 손정의를 도저히 정상적인 방법으로 설득할 수 없을 것으로 생각한 마윈은 쿠데타와 같은 방식으로 이 문제를 해결한다. 알리바바와 저장 알리바바의 계약통제관계를 끊어버린 것이다. 이것은 계약통제모델이 중국에 도입된 지 10년 만에 처음으로 벌어진 일로서 신문지상을 뜨겁게 달구는 이슈가 됐으며, 양측은 적지 않은 상처를 입게 된다. 현재 알리페이는 마윈이 최대주주로 있는 앤트파이낸셜(螞蟻金服, 마이진푸, SMALL AND MICRO FINANCIAL SERVICES COMPANY)의 자회사로 존재한다. 알리바바 그룹과는 50년간 계약을 맺고 있으며, 이후 50년간 계약연장을 할 수 있는 옵션을 갖고 있다. 제리 양은 격노하였지만 손정의는 냉철한 승부사다. 상황을 받아들이고, 사태를 수습할 수 있는 방안을 찾은 것이다. 마윈과 손정의 모두 이 사건으로 적지 않게 감정이 상했을 법하지만, 어쨌건 두 사람 모두 대 사업가이며, 오늘도 소프트뱅크는 알리바바 최대주주의 자격을 유지하고 있다.

알리페이는 현재 중국 최대의 SNS인 위챗과도 연동하여 사용할 수 있으며, 위챗을 통해서 송금이 가능하다. 최근에는 해외의 쇼핑몰에서 중국인들을 대상으로 상품을 판매할 수 있도록 ALIPAY CROSS-BORDER E-PAYMENT SERVICE를 제공하여 국가 간 지급결제가 가능하도록 하고 있다. 제휴사인 중국건설은행의 환율을 적용하되, 구매자는 위안으로 대금을 지불하고, 판매자는 자국화폐로 대금을 받는다. 해외 판매자는 중국에 별도의 은행계좌를 개설할 필요가 없으며, 자국의 은행계좌로 대금을 수령할 수 있다.

알리바바는 일본과 한국으로 몰려가는 중국 관광객의 결제수요를 노리고 알리페이를 국내에 도입하였다. 한국의 은행과 제휴하여 2만 6천개의 가맹점(2015년 기준)에서 알리페이로 결제가 가능하도록 한 것이다. 중국인 요우커가 화장품가게에서 알리페이로 결제할 때 환전이 필요한데 한국의 은행은 이러한 환전서비스를 제공하고 수수료를 받는다. 알리바바는 아예 코리안페이라는 것을 만들어 중국인뿐만 아니라 한국인들도 자사의 전자상거래를 이용할 수 있도록 하겠다는 계획을 밝힌 바 있다. 이것은 알리바바의 영향력을 한국으로 확대할 뿐만 아니라 한국시장을 테스트베드로, 또한 세계시장으로 향하는 전초기지로써 사용하겠다는 의도로 해석되었다. 2014년에는 일본 제1의 온라인 쇼핑몰 라쿠텐 등 200개 해외 전자상거래 및 PG(Payment Gateway,

결제대행업자)와 제휴를 체결하여 세계적인 결제솔루션으로 확대를 거듭하고 있다.

알리파이낸스: 대출서비스

사실 알리바바는 알리페이 말고도 한 축의 다른 금융서비스도 조용히 시작했다. 바로 2007년 도입된 알리파이낸스다. 자사의 온라인 쇼핑몰을 이용하는 구매자와 판매자를 대상으로 하는 소액 대출서비스이다. 잘 알려지지 않았지만 알리바바에는 자체적인 IT 지원과 클라우드 서비스를 제공하는 알리윈이라는 회사가 있다. 이 회사를 통해서 알리바바는 자사에 계정을 갖고 있는 판매자와 구매자에 대한 거래정보를 축적하여 왔다. 그리고 빅데이터 기술을 이용하여 이들에 대한 신용평가시스템을 구축하였다.

중국은 은행 문턱이 여전히 높은 나라이다. 보통 같으면 대출을 얻기 어려운 이들의 신용을 적절하게 평가할 수 있는 데이터와 시스템을 알리바바는 갖추게 되었고, 이를 통해서 낮은 리스크로 자금을 공급할 수 있게 된 것이다. 거래량, 재구매율, 제품에 대한 만족도 등을 기반으로 판매자의 신용점수를 매기고 이에 부합하는 금리로 대출을 제공한다. 소액이지만 대출을 신청한 당일에 처리가 가능하다. 구매자도 마찬가지로, 그동안의 거래기록을 기반으로 학자금 등 필요한 생활자금을 제공한다. 은행보다 금리가 낮으며 처리도 신속하고 편리하다. 전자상거래의 결제내역, 모바일 결제내역, 신용카드 연체 여부, 재테크 상품 가입 여부 등 그동안에 축적된 정보가 요긴하게 사용된다.

담보가 없는 신용거래의 경우 신용평가가 절대적으로 중요하다. 이것은 정말 골치 아픈 작업으로 우리나라 은행에서도 신용등급이 아주 높지 않은 고객에게는 높은 금리라고 해도 대출해주는 것을 꺼려왔다. 그러면 급전이 필요한 사람들은 고리의 제2금융권이나 사채업자로 몰리고는 했다. 물론 가입자의 소득, 자산, 직업 등의 개인정보도 유용한 평가 자료가 될 것이고, 요즘에는 심지어 SNS를 통해서 얻은 자료도 평가에 활용된다. 그러나 거래를 통해서 축적된 데이터는 상당히 믿을 수 있는 정보이며 이를 분석하는 능력은 다른 사업자가 모방하기 어려운 자산이다. 이러한 자산을 바탕으로 알리바바는 금융업으로 도약할 수 있는 토대를 쌓고 있다고 볼 수 있다. 알리바바는 즈마신용(芝麻信用)이라는 신용평가회사를 가지고 있으며, 향후에는 이를 통해서 신용평가사업도 확장할 계획을 세우고 있다.

위어바오: 투자서비스

2013년에는 위어바오라는 펀드 서비스를 개시하였다. 알리페이 계정에 여윳돈을 넣고 있는 고객이 있게 마련이다. 이 돈을 놀리면 뭘 하나? 이런 생각은 고객도, 알리바바도 자연스럽게 하게 될 것이다. 위어바오는 고객들이 알리페이 계정의 여윳돈으로 MMF에 가입할 수 있도록 하는 상품이다. MMF는 주식이나 부동산 등에 본격적으로 투자하기 전에 잠시 자금을 대기시키는 장소이자, 기업어음 등에 투자하면서 단기로 자금을 운용하는 금융상품이다. 그러나 은행에 비해서는 높은 수익률의 리턴을 제공한다. 지금 중국은 우리나라의 고도성장시대와 비슷해서 저리의 자금이 산업체로 흘러들어가도록 통제하고 있다. 이 때문에 중국의 예금금리는 3% 정도로 매우 낮다. 이러한 통제가 없는 위어바오는 높은 수익률을 올리는 데다 최저투자금액도 1위안으로 사실상 제한이 없으며, 중도에 해지해도 환매수수료가 없다. 3일만 맡기면 이자가 지급되기 시작한다. 또한 스마트폰으로 항상 잔액과 펀드의 수익률을 확인할 수 있다. 그에 비해 제도권 증권회사는 5천 위안 정도의 최저투자금액을 요구하고, 환매수수료까지 부과하는 등 까다롭게 군다. 위어바오는 폭발적으로 성장한다. 2015년 말을 기준으로 하면 위어바오 이용자는 2억 6천만 명에 달해 세계에서 가장 이용자가 많은 펀드가 되어 있다.

알리바바는 고객모집을 담당하고, 자산의 운용은 앤트파이낸셜이 지분의 51%를 가지고 있는 톈훙펀드(天弘基金)에서 책임진다. 원래 중소형 펀드였던 이 회사는 마윈이 인수하여 위어바오를 출시한 이후, 거대한 펀드로 성장하여, 현재 자산운용액이 1조 위안을 돌파하고 있다. 알리바바는 2014년 8월 자오차이바오라는 상품을 도입하였다. 이는 위어바오가 MMF라는 단기상품을 커버하는데 반해, 주로 장기상품을 제공하는 것으로, 최저투자규모는 100위안이고, 만기는 3개월에서 3년에 이른다. 이로써 알리바바는 사실상 온라인 증권회사가 되어 장단기 상품 라인업을 구축한 것이다.

보험과 은행으로 진출

금융산업을 향한 알리바바의 거침없는 진군은 이제 보험과 은행에 이르게 된다. 보험 역시 온라인 쇼핑과 관련이 깊으며, 처음에 출시한 보험상품인 '중러바오'는 타오바오의 판매자들을 대상으로 하는 이행보증 보험이다. 또한 2010년부터는 쇼핑몰 환급 택배비 보험을 제공하였는데, 쇼핑몰의 매출이 급격하게 커지면서 이러한 보험시장도 덩달아 덩치가 커진다. 마침내 2013년 9월에는 '중안온라인보험기업'이라는 보험회사를 설립하여 보험업으로의 진출을 공식화한다. 2014년 중국인의 일인당 보험료는 237달러로서 미국의 1/15 수준에 불과해 향후 커다란 성장의 여지가 있으며, 특히 온라인 보험이 그러하다. 2015년 중국 온라인 보험료의 규모도 2,234억 위안에 달하고 있다. 온라인 시장에서의 가입자 기반을 이용해 보험시장을 장악할 수 있는 여건이 조성된 것이다.

알리바바의 최종 타깃은 은행이다. 그것도 알리바바답게 인터넷은행이다. 중국 정부는 관치금융으로 경직된 은행 산업에 활기를 불어넣기 위해서 2014년 3월 주요 도시 5곳에 10개의 민간은행 사업인가를 부여하였다. 여기에 알리바바와 텐센트가 들어갔다. 다만, 알리바바는 간발의 차이로 중국 최초의 인터넷은행 타이틀을 텐센트의 위뱅크에 빼앗긴다.

그렇지만 두 달 뒤인 2015년 5월 마이뱅크(網商銀行, 왕상은행)를 출범시키며 추격의 고삐를 바짝 조인다. 이 은행의 최대주주는 30%를 가진 알리바바 앤트파이낸셜이다. 온라인으로 주로 중소기업에 무담보 신용대출을 제공하는 이 은행은 2016년 2월 기준 여신 누적액이 460억 위안(7.8조 원)에 달해 가히 폭발적인 성장이라고 말할 수 있다. 이 은행의 장기는 온라인 쇼핑 사업을 하면서 축적한 데이터와 분석능력이다. 자체 플랫폼인 즈마크레딧(芝麻信用)은 빅데이터를 이용한 신용평가시스템을 가동하는데, 대출신청에서 집행까지 프로세스는 신속하기 짝이 없다. 이러한 빅데이터 활용 능력 덕분에, 이 은행의 대출심사 통과비율은 기존 은행보다 30%나 높고, 반대로 연체율은 절반에 불과하다고 한다.

텐센트와의 대결

알리바바의 강력한 경쟁자로 텐센트라는 회사가 있다. 오늘날 중국 IT 산업의 3강을 BAT라고 한다. 바이두, 알리바바, 텐센트의 머리글자의 영문 이니셜이다. 텐센트는 1998년 광동성 선전에서 마화텅(马化腾, Pony Ma)과 장즈둥(张志东, Tony Zhang)이 공동 창업했다. 이 회사는 1999년 QQ라는 PC용 메신저 서비스를 개발하여 대 히트를 친다. 펭귄이 윙크를 하는 QQ의 로고는 집에서 기르는 애완동물 같은 친숙한 느낌으로 다가온다. 실제로 QQ라는 이름은 귀엽다(Cute)는 영어 단어의 어감을 살린 것이다. 2011년에 동사가 개발한 모바일용 메신저인 위챗은 한국의 카톡과 같은 중국의 국민 서비스이다. 텐센트의 이름도 재미

있다. 원래는 탕쉰(騰迅)이라는 중국 이름으로 시작했다. 쉰(迅)은 메신저라는 뜻이다. 여기에 딱 맞는 앞 글자를 붙여 두 글자로 만들면 좋겠는데, 쓸 만한 것은 마침 모두 특허 등록이 되어 있었다. 남은 글자는 '도약'을 의미하는 탕(騰)뿐. 그래서 '메신저로 도약한다'는 탕쉰(騰迅)이 회사명이 돼버렸다. 이번에는 이 어려운 중국 문자를 외국인도 이해할 수 있는 이름으로 만들어야 했다. 고민 끝에 마 회장은 텐센트라는 이름을 찾아낸다. 10센트는 당시 문자 한 통의 가격이었고 매우 싸다는 느낌을 잘 전달해주었다. 아마도 나중에 창업할 사업들과 연계를 생각한 심모원려가 아니었을까?

텐센트의 서비스로 유명한 것은 '흔들기'가 있는데, 이는 핸드폰을 흔들면 반경 1km 안에 있는 친구를 찾아 준다. 텐센트의 전략은 카카오와 닮은꼴이다. 먼저 메신저를 통해서 가입자를 불러모아 거대한 플랫폼 장터를 구축한다. 그다음에는 여기서 일상생활에 적용될 수 있는 다양한 사업을 벌인다. 요즘 우리가 플랫폼 전략이라고 부르는 것이다. 실제로 이 회사는 김범수 회장에 이어 카카오의 2대 주주이기도 하다. 알리바바가 온라인 쇼핑으로 시작해서 클라우드, 금융, 메신저로 영역을 확장하는 것과 비슷하게 텐센트는 메신저로 출발하여 온라인 쇼핑, 클라우드, 금융으로 확장하여 반대방향에서 접근하고 있다. 멀리서 보면 출발점이 다른 두 회사가 서로를 향해 충돌할 듯 달려오고 있는 것이다. 온라인 쇼핑과 금융산업에 있어서 한참 늦은 후발자임에도 불구하고 모바일의 확산은 이 회사를 알리바바의 강력한 라이벌로 부상

시켰다. 결국은 사람이 많이 모이는 곳에 매장을 가진 회사가 유리하지 않을까? 사람들이 PC를 떠나 휴대폰으로 옮겨가는 추세를 감안하면 알리바바 시대가 계속될 것이라고 누구도 장담하기 어렵다.

텐센트가 카카오와 유사하게 게임을 핵심사업으로 하는 회사라는 점도 흥미롭다. 초창기에 한국시장을 둘러보면서 쓸 만한 게임을 발견하면 이를 중국시장에 출시했다. 물론 중국 자체적인 게임의 개발에도 주력하였으며, 출범 후 10년간이나 게임에 집중함으로써 온라인 게임 플랫폼으로 자리 잡으려고 노력했다. 그 결과 오늘날 중국 온라인 게임의 절반을 이 회사가 차지하는 것으로 알려졌다. 그러니까 메신저로는 공짜라고 사람들을 불러 모으고, 불러 모은 사람을 게임으로 유도하여 돈을 버는 모델로 초기의 발판을 마련한 것이다.

텐센트는 파이파이왕(C2C)이라는 오픈마켓을 시작으로, QQ왕거우(B2C)를 열었고, 에스크로 결제서비스인 위챗페이도 도입하였다. 알리바바와 경쟁할 수 있는 도구는 일단 모두 만들어 놓은 셈이다. 다만 아직 연륜이 부족하여 알리바바와 온라인 쇼핑에서 정면 대결할 정도의 규모에는 이르지 못했다. 따라서 알리바바와 정면대결보다는 살짝 빗겨나 원거리에서 잽을 날리는 전략을 구사하고 있다. 예를 들어 알리바바는 11월 11일 광군제를 열어 빅세일을 실시하였지만, 텐센트는 10월 말에 '파이파이 펑창제'라는 비슷한 행사를 열어 광군제의 김을 빼놓았다. 물론 광군제의 물량에 비교할 수는 없지만, 피크를 벗어난 덕분에

'12시간 빠른 배송서비스'를 제공할 수 있었고, 고객들의 만족도도 높았다고 한다. 이에 반해 광군제는 엄청나게 몰린 주문으로 인해 물류가 허덕거리면서 제때 배송이 이루어지지 않아 고객들의 불만이 많았다. 한국의 민영방송인 SBS가 설립 초기에 8시 뉴스로 KBS와 MBC의 9시 뉴스를 살짝 앞서 방영한 것과 유사한 전략을 사용한 것이다.

모바일 쇼핑과 모바일 금융

위챗은 오늘날 중국의 카톡이다. 메신저에서 시작해서 게임을 탑재하고, 그다음에는 전자상거래, 그리고 그다음은 금융이다. 아직 알리바바보다 규모 면에서는 크게 열세이지만 모바일이라는 대세에 편승하여 급추격하고 있으며, 특히 2014년 음력설에 세뱃돈 주고받기 프로모션으로 크게 히트쳤다. 본시 중국 사람들은 1월 1일에 세뱃돈을 주는 풍습이 있다. 이 돈을 홍빠오(红包)라고 부르는 붉은 봉투에 담아 덕담과 함께 세배하는 사람들에게 건넨다. 이것을 모바일에서 재현한 것이다. 위챗에 발급할 봉투 개수와 세뱃돈, 그리고 새해 인사말을 입력하여 위챗페이로 보내면 되는 것이다. 이렇게 지명도를 높인 위챗페이는 알리페이와 유사하게 백화점, 편의점, 택시, 지하철, 학원에서도 모바일로 결제가 되도록 제휴선을 넓혀가고 있다. 모바일을 신용카드처럼 사용하는 시대로 끌고 가는 것이다.

같은 시기에 위챗용 미니 온라인 쇼핑몰 '웨이디엔'을 개설하였다.

이것은 판매자가 스마트폰 위챗을 통해서 온라인 상점을 열 수 있는 서비스다. 누구나 핸드폰 번호를 가지고 상점을 열 수 있고, 여기에다 자신이 팔 상품의 카탈로그를 올린다. 위챗을 이용하여 상품을 팔 생각이 있는 사람은 웨이디엔 앱을 다운받고 필요한 정보를 입력한다. 인터넷 쇼핑몰 사업을 간편하게 하여 대중화한 것이다. 이것도 큰 성공을 거두었고, 중국뿐만 아니라 미국과 유럽에서도 상점을 내겠다는 사람들이 줄을 서게 된다.

텐센트는 알리바바의 '위어바오'와 비슷한 투자상품 '리차이퉁'도 내놓았고, 인터넷은행에서는 오히려 알리바바를 앞선다. 2015년 1월에는 중국 최초로 인터넷은행 웨이중(微眾)은행(위뱅크)을 오픈한 것이다. 이 은행도 인터넷은행인지라 오프라인 지점이 없고 모든 업무를 모바일로 처리한다. 다만, 예금은 받지 않고, 대출에 집중한다. 대출자금은 제휴한 은행을 통해서 지급한다. 말하자면 중개기관인 셈이다. 개인당 최대 대출금액은 4만 위안(680만 원), 건당 평균대출금액은 8천 위안(136만 원)으로 소액대출에 특화하고 있으며, 고객의 70%가 25~35세 젊은 층인 것으로 알려지고 있다.

위기를 느낀 마윈은 서둘러 '라이왕'이라는 모바일 메신저를 출시하였다. 온라인 쇼핑에 몰두하다가 모바일의 물결이 다가오는 것을 조금 늦게 알아채고 아차 한 것이다. 가입자 수로는 상대가 안 되지만 마윈은 라이왕이라는 칼을 들고 텐센트와 싸우기로 결심하였다.

중국의 모바일 머니

미국의 이베이가 시작한 온라인 쇼핑과 페이팔이 시작한 디지털 머니 지급결제사업이 중국에 수입되어 독자적인 모델로 발전하는 궤적을 지켜보는 것은 흥미롭다. 그것도 자국 시장의 거대한 규모를 기반으로 훨씬 폭발적인 움직임을 보이고 있다. 미국과 같은 현대적인 금융제도가 미비한 중국에서는 그러한 허술한 공간을 틈타 독창적인 아이디어를 바로 현실에 적용시킬 수 있는 여지가 많다. 온라인 쇼핑에서 출발한 알리바바는 디지털 머니를 발전시킬 수 있는 최적의 위치를 선점하였으며, 그곳에서 성취한 역량을 사방으로 확장하면서 핀테크 산업의 발전을 주도하고 있다. 알리페이를 기반으로 하는 금융산업으로의 확장 궤적은 오늘날 중국의 핀테크 산업을 미국과 매우 다르게 만들고, 어떤 면에서는 미국을 앞지르는 것처럼 보이는 발전 경로를 가져오는 것이다.

중국은 서양이 보여왔던 금속화폐 → 어음/수표 → 지폐 → 신용카드 → 모바일 머니의 경로를 단축하여 지폐 → 모바일 머니로 점프하고 있다. 신용카드는 중국에서 채 꽃을 피우기도 전에 시들 조짐을 보이고 있으며, 오늘날 많은 중국인은 모바일로 지불하는 것을 매우 편안하고 편리하게 생각한다. 과거 전자산업에서 한국은 일본의 지위를 감히 넘볼 수 없을 만큼 낙후되어 있었으나 아날로그에서 디지털로 전환하는 변곡점을 틈타 역전에 성공하였다. 전 세계에 고급제품으로 선망의 대상이 되었던 소니TV는 오늘날 삼성과 LG의 디지털 TV에 눌려 뒷방 차지 신세로 전락했다. 오늘날 중국은 이와 유사한 전략을 추구한다. 자동차도 휘발유차에 연연하지 않고 전기차로 바로 점프하려고 하고, 서양이라고 해서 특별히 앞선 것이 없는 드론, 태양광, 고속전철 등 첨단 부문에서는 정신없이 질주하고 있다.

또한 기득권이 없다는 측면에서 중국은 더 과감성을 보일 여지가 많다. 이를테면 미국의 경우에는 강대한 금융기관이 있어 정부의 법 제도를 등에 업고, 또 자신의 자본력을 휘둘러 핀테크 기업을 억제할 가능성이 높다. 핀테크 기업은 소규모 벤처가 많고, 은행이 핀테크 기업의 기술을 받아들이더라도, 그것은 어디까지나 자기 이익과 현재 틀을 크게 해치지 않는 범위 내에서이다. 그에 반해 중국은 전자상거래와 메신저에서 발전한 거대 IT회사가 핀테크 서비스를 제공하고 있는데, 기존 금융기관이라고 해야 거대 국책은행과 소규모 민간은행으로 구성되어 있다. 한 번 싸워볼 만한 것이다. 물론 이들이 고삐 풀린 망아지처럼 여기저기 날뛰면서 잔디를 다 밟아 죽이지 못하도록 중국 정부가 활동범위를 통제할 가능성이 높으며, 이미 이에 필요한 법규를 연달아 만들고 있다. 그러나 정부의 시각은 대체로 이들에 대해서 우호적이다. 이러한 이질적인 환경의 차이가 디지털 머니의 발전, 그리고 금융산업의 발전에 어떻게 차이를 빚어낼지 지켜보는 것은 흥미진진하다. 금융산업에서 벌어지는 중국 장풍과 미국 총잡이 간의 싸움을 관망하면서 우리 갈 길에 참고로 삼으면 좋을 것이다.

4장

모바일 머니

우리나라 온라인 쇼핑의 성장

온라인으로 돈을 주고받는 것이 디지털 머니의 출발이라면 우리나라도 세계적인 흐름에 그리 늦지 않았다. 대체로 그것은 온라인 쇼핑과 관련이 깊기 때문이다. 미국에서 아마존이 출범한 것은 1995년의 일이었는데, 우리나라에서는 1996년 인터파크가 오픈하여 그 간격이 매우 짧다. 그해 거래액이 약 5억 원이었다고 하니 아득한 옛날 일처럼 들린다. 그리고 연달아 유사한 쇼핑몰이 우후죽순처럼 생겨나고 2000년대는 C2C 모델의 오픈마켓이 전성기를 맞는다. 온라인 쇼핑몰은 판을 깔아주는 플랫폼 역할만 하고, 다양한 사업자가 그 위에 좌판을 깔고 자신의 상품을 파는 것이다. 현재는 G마켓, 옥션, 11번가의 트로이카 체제가 구현되었다. 다만 G마켓과 옥션은 미국의 이베이가 인수하였고, 11번가는 SK플래닛이 창업한 회사로 외국계와 재벌이 양분하고 있다.

모바일 쇼핑몰 등장하다

2009년 아이폰의 도입과 함께 진정한 스마트폰의 시대가 열렸다. 그리고 쇼핑몰 시장이 모바일로 옮겨갈 것을 알아챈 사업가들에 의하여 2010년 모바일 쇼핑몰이 경쟁적으로 출시된다. 오늘날 모바일 쇼핑몰 트로이카라고 불릴만한 쿠팡, 티몬, 위메프가 그것이다. 당시에는 소셜커머스라는 용어가 더 많이 사용되었다. 사용자들이 별점으로 상품에 대한 평가도 하고, 사용 후기도 남기고, SNS를 통해서 친구들에게

추천도 하는 등 SNS의 특징이 결합되었기 때문이다. 또 구매자가 많이 나타나면 가격을 반짝 할인하기도 한다. 공동구매를 통해서 협상력을 높이고 가격을 깎는 모델이기도 하다. 2008년 미국의 그루폰이 최초로 이러한 모델로 성공하였다. 현재는 소셜커머스보다는 인터넷 쇼핑몰처럼 오픈마켓의 형태가 더 일반적이다.

쿠팡은 하버드대를 나온 김범석 대표가 창업하였다. 어린 시절 대기업 주재원이던 아버지를 따라 해외에서 보낸 시간이 더 많고, 중학교 때부터 미국에서 유학하였다고 한다. 대학 재학시절부터 '커런트'라는 잡지를 창간하였다가 뉴스위크에 매각하였다. 그 후 명문대 졸업생을 대상으로 하는 월간지, '빈티지 미디어'를 창업하여 운영하였는데, 이를 애틀랜틱 미디어에 매각하고, 그 돈을 종잣돈으로 하여 '쿠팡'을 창업했다고 한다. 미국의 유명 벤처캐피털인 세콰이어캐피털, 세계적인 사모펀드인 블랙록, 그리고 손정의의 소프트뱅크 등이 투자하여 그 발전성을 인정받았다. 로켓배송, 로켓페이 등 속전속결을 슬로건으로 내세우고 있다. 티몬의 창업자도 미국 펜실베이니아 대학을 나온 신현성 대표이다. 그는 1970년대 법무부 장관과 중앙정보부장을 지낸 신직수 씨의 손자로도 알려져 있다. 티몬은 그루폰에 매각되었다가 다시 신현성 대표가 다수 지분을 회수했는데, 미국의 세계적인 사모펀드인 KKR도 투자하고 있다. 위메프는 서울대 학생회장 출신이자 게임회사의 창업자인 허민 대표에 의해서 창업되었다. 허 대표는 야구팀인 고양 원더스의 구단주이자 야구선수로 활약하기도 했던 이색적인 경력의 소유자이다.

온라인 쇼핑의 규모와 패턴

2016년 6월 통계청이 발표한 '통계로 본 온라인 쇼핑 20년'에 따르면 2015년 온라인 쇼핑 거래액은 53.8조 원을 기록해 2001년의 3.3조 원의 16배에 이른다고 한다. 지난 15년간 연평균 22%씩 거침없이 성장하였다. 그리고 그중에서도 모바일의 비중이 점차로 커지고 있는 것이 현저하여, 2013년 17%에서 2015년은 45%, 그리고 2016년 1분기에는 51%로 마침내 PC를 추월하기 시작했다. 폭우 속에 물이 차올라 오는 것처럼 모바일 쇼핑의 부상은 거침이 없다. 이에 따라 전자지급서비스 이용금액도 2015년 92조 원에 이른다고 한다(한국은행, '2015년 중 전자지급서비스 제공 현황'). 바야흐로 온라인 쇼핑과 디지털 머니의 시대가 다가오고 있는 것이다. 최근에는 이마트와 쿠팡 간 누가 기저귀를 더 싼 값에 파는가의 최저가 전쟁이 벌어지기도 할 정도로 모바일 쇼핑은 기존의 유통사업자에게 위협이 되고 있다.

온라인 결제의 문제점

온라인 쇼핑에서 지불결제는 골치 아픈 문제가 따른다. 지불을 하는 사람이 누군가를 사칭하고 있지는 않는지(신분사취), 나중에 거래한 적이 없다고 오리발을 내밀지는 않을지(거래부인), 그리고 지불과정에서 구매자의 개인정보나 카드정보를 해커가 채가지는 않을지(정보도용)하는 문제이다. 이것이 인터넷 쇼핑 부정의 삼종세트이다. 우리나라는 인터넷 강국이고, 온라인 쇼핑이 일찍부터 발전한 나라이다. 정부는 이 문제를 공인인증서 도입으로 해결하였다. 공인인증서는 말하자면 인터넷상에서의 주민등록증이라고 할 수 있다. 그리고 쇼핑몰에서 공인인증서에 비밀번호를 입력하여 클릭하는 것은 수표에 서명하는 것과 똑같다. 따라서 본인확인과 거래사실 확인을 동시에 해결할 수 있다.

그러나 정보도용의 문제가 남는다. 이 문제를 금융기관은 ACTIVE-X 보안프로그램을 PC에 깔도록 하는 방식으로 해결하였다. 쇼핑몰이나 인터넷뱅킹 사이트에 들어가면 ACTIVE-X 파일을 깔아야 한다는 메시지가 뜬다. 그것을 누르면 방화벽, 백신, 키보드 보안 프로그램들이 주르륵 깔린다. 이것을 보안 삼종세트라고 부른다.

이렇게 해서 정부는 온라인 쇼핑과 관련된 세 가지 문제를 해결하였다. 그러나 이용자 입장에서 엄청 짜증나는 방식이었다. 예를 들어 어떤 온라인 쇼핑몰에 들어가 구매를 한다고 치자. 먼저 아이디와 패스워드를 입력하여 들어간 후, 마음에 드는 상품을 골라 구매 클릭을 누른다. 만약 처음 가는 사이트면 조금 전에 얘기한 ACTIVE-X 파일을 까는데 한참 동안의 시간을 기다려야 한다. 사실 이용자는 메시지를 잘 읽어 보지도 않으며, 무슨 파일을 깔고 있는지에 관심이 없다. 팔짱을 끼고 한참 컴퓨터에 파일이 깔리는 것을 지켜보다가, 가끔 '그렇게 하시겠습니까' 라는 질문이 뜨면 잘 보지도 않고, '예' 라고 클릭한다. 이 과정을 마치고 나면 공인인증서를 제시하여 본인인증을 하라고 한다. USB를 꽂아 공인인증서를 올리고 비밀번호를 입력하여 클릭한다. 이번에는 지불수단으로 자신의 신용카드를 선택하는데, 다시 안심클릭이나 ISP 안심결제 창이 떠서 카드의 사용자가 맞는지 본인확인을 한 번 더 한다. 다시 비밀번호를 입력하여 클릭한다. 이 과정에서도 순조롭게 되지 않고 버벅거리기 일쑤다. 이중삼중의 보안으로 적군의 침입을 막는 데는 성공하였으나 오랜 참호전으로 인해 아군이 기진맥진하고 말았다. 이 과정에서 많은 사람은 속이 부글부글 끓기도 하고, 성질 급한 사람들은 "이런~, 에이!" 하면서 구매를 포기하기까지 한다.

이러한 사정은 직구가 활성화되면서 여론화되고, 마침내 대통령 귀에까지 들어갔다. 중국에서도 히트한 '별에서 온 그대'의 주인공 천송이 (전지현)가 입고 나온 코트를 사고 싶어 하는 중국 여성 팬들이 많은데, 공인인증서가 없으니 나를 확인시킬 방법이 없다. 또 ACTIVE–X 파일을 깔아야 하는데, 중국인들은 별로 쓰지 않는 인터넷 익스플로러에서만 깔 수 있다고 한다. 우리나라에서는 인터넷 익스플로러가 압도적인 브라우저이지만 중국은 수많은 브라우저의 춘추전국 시대를 맞고 있다. 브라우저를 바꾸지 않는 한 애써 한국의 온라인 쇼핑몰에 들어와 물건을 골라 놓았으나 지불할 방법이 없다. 여기까지 들어왔는데 포기하란 말인가? 기분이 상당히 나빠진다.

반면 한국의 청년들은 알리바바의 솔로데이 빅세일 행사를 기다렸다가 사고 싶은 물건들을 싼 가격에 푸짐하게 산다. 이것을 지켜보던 한국의 온라인 쇼핑몰과 그곳에 입점한 상인들은 열이 오르다가 분통을 터뜨리고, 이 소문이 청와대까지 흘러들어간 것이다. 이렇게 되자 정부는 부랴부랴 대책을 내놓는다. 공인인증서 의무사용은 폐지 되었고, 금융기관은 ACTIVE-X 외에도 다른 보안프로그램 수단을 사용할 수 있게 되었다. 그러나 이 문제가 아직 깔끔하게 해결된 것은 아니다. 공인인증서의 의무사용이 폐지되었을 뿐이지 금융기관이 사용하는 것을 막지는 못한다. 금융기관은 ACTIVE-X 대신 브라우저에 의존하지 않는 EXE 실행 파일을 직접 이용자의 PC에 까는 방법으로 대응하고 있다. 따라서 아직 사용자의 입장에서는 그게 그거고 이 문제가 그렇게 편리하게 개선되었다고 느끼지 못하고 있는 상황이다.

간편결제의 등장

온라인, 특히 모바일 쇼핑몰이 주류가 되면서 결제과정을 쉽고 편리하게 만드는 과정은 긴급한 과제로 떠오른다. 정부도 전향적으로 간편결제를 허용하면서 이제는 간편결제의 봇물이 터지게 된다. 간편결제는 공인인증서와 ACTIVE-X 없이 한 번만 은행계좌 및 카드정보를 등록해두면 그다음부터는 6자리의 비밀번호만 눌러서 결제가 가능한 방식이다. 사실 이것은 미국이나 중국에서는 진작에 활성화된 방식이었는데, 우리나라는 보안에 대한 걱정 때문에 주저하다가 도입 시기가 조금 늦었다. 조금 늦은 시간을 만회하려는 듯 여러 회사에서 경쟁적으로 비슷한 서비스를 내놓다 보니 정신이 없을 정도로 많은 서비스가 출시되었다. 크지도 않은 국내시장이 미어터질 지경이다.

예를 들어 온라인 쇼핑몰의 강자인 G마켓과 옥션은 모기업이 이베이이
므로 통합적인 전략을 사용하고 있다. 스마일페이라는 간편결제 솔루
션을 채택하고 있으며, G마켓 현금잔고와 옥션 e-money 등 기존 선
불전자지급수단도 스마일페이에 통합하였다. 말하자면 스마일페이는
한국에서 사용되는 페이팔인 것이다. 규제로 인한 제약이 있어 미국의
페이팔만큼 간편하지는 않지만 말이다. 11번가는 모기업인 SK플래닛의
시럽페이를 간편결제 솔루션으로 사용하고 있다.

플랫폼 회사로서는 카카오페이와 네이버페이가 있다. 카카오가 카톡
으로 무선, 네이버가 네이버 포탈로 유선의 강자이다 보니, 각각 무선
과 유선에 장점을 가지고 있다. 카카오페이는 카톡이라는 플랫폼 위에
존재하는 많은 서비스, 이를테면 카카오택시, 카카오드라이브 등과 같
은 서비스 중 하나로서 제시된다. 따라서 별도로 앱을 깔 필요가 없다
는 것, 그리고 전 국민이라는 막강한 가입자 기반이 있다는 것이 장점
이다. 다만 다른 간편결제보다 특별히 편리할 것이 없으며, 자체 온라인
쇼핑몰이 약하다는 것도 약점이다. 네이버 역시 쇼핑, 웹툰, 뮤직 등 자
체 플랫폼에서 제공하는 서비스의 결제수단을 장점으로 내세우고 있
다. 역시 쇼핑몰이 약하다는 점, 그리고 시장의 중심이 유선에서 무선
으로 흘러가고 있다는 점이 불안하다.

통신사로서는 LGU+의 페이나우, PG사(Payment Gateway, 전자지급결제대행사라고 한다. 온라인 쇼핑몰을 대행하여 신용카드, 계좌이체 등의 결제업무를 처리한다)로서는 KG이니시스의 케이페이, 카드사로서는 BC카드의 페이올 등이 있다. 제조사로서는 삼성전자의 삼성페이가 주목할 만하다. 온라인뿐만 아니라 오프라인에서도 스마트폰을 기존의 결제단말에 갖다 대기만 하면 결제가 이루어지는 O2O(Online-to-Offline)를 실현하고 있다. 다만 사용할 수 있는 스마트폰 기종이 제한되어 있으며, 카드 역시 마그네틱 카드에만 국한되고, IC 카드에는 적용이 되지 않는다. 그런데 카드를 긁는 자기카드용 방식에서 카드를 꽂는 IC 카드 방식으로 전환되고 있는 것이 추세이자 정부방침이라 이것도 장벽이 될 듯하다. 다만 IC카드결제단말은 마그네틱 카드도 처리할 수 있게 겸용으로 나오는 경우가 많아 두고 볼 문제이기는 하다.

모바일 쇼핑몰 사업자의 경우 간편결제가 더욱 절실하다. 이동 중에 조그만 화면의 스마트폰에서 결제까지 불편하다면 영 사용이 내키지 않을 것이 분명하기 때문이다. 모바일 쇼핑몰 삼총사가 간편결제에 적극적인 것은 두말할 나위도 없다. 쿠팡은 외부와의 협업을 거부하고, 로켓페이라는 자체 결제솔루션을 채택하고 있다. 이에 반해 티몬은 티몬페이(LG 유플러스), 카카오페이(카카오), 페이코(NHN엔터테인먼트)로 삼종세트를 내놓고 있다. 모두 외부의 사업자와 제휴한 것으로 이점에서 쿠팡과 대조를 보인다. 각자 장단점이 있을 것이다. 독자적으로 개발하여 사용한다면 자신의 의지대로 사업을 확장할 수 있겠으나, 소비자 입장에서는 선택의 폭이 좁다. 반대로 외부와 제휴한다면, 선택의 여지가 커지므로 소비자가 좋아할 것이 틀림없으나, 여기저기 간섭이 많고 거치적거릴 것이 틀림없다. 위메프도 티몬과 비슷하게 외부의 간편결제인 페이코(NHN엔터테인먼트)와 페이나우(LG 유플러스)를 채택하고 있다. 우리나라에서는 중국의 알리바바와 같은 전자상거래의 절대강자가 없고 여러 사업자가 시장을 분할하는 구조이다 보니, 간편결제 시장에서도 뚜렷하게 시장을 리드하는 사업자가 나타나지 않고 있다.

IT사업자에서 금융사업자로: 한국에서는 나타나지 않는 패턴

중국의 알리바바나 텐센트가 IT사업자로 시작해서 금융산업으로 확장해나가는 모습은 한국에서 나타나고 있지 않다. 인터넷 쇼핑몰도 그렇고 모바일 쇼핑몰도 간편결제는 전자상거래를 지원하는 역할 정도에 그치는 느낌이다. 한국의 텐센트라고 할 수 있는 카카오의 경우에는 카카오페이도 있고, 뱅크월렛포카카오, 그리고 카카오뱅크 등 라인업이 잘 갖추어져 있어 이러한 모델에 가장 근접하기는 하다. 그러나 실상을 들여다보면 금융과 관련된 부분은 기존의 금융기관이 주도하고 있고, 카카오의 역할은 가입자를 모집하고, 플랫폼을 제공하는 것에 국한되어 있어 텐센트보다 약해 보인다.

오히려 은행의 서비스가 IT적으로 진화하는 형태가 두드러진다. 온라인 뱅킹도 그렇고 최근의 모바일 뱅킹도 은행의 창구를 인터넷과 모바일에 맞게 개조해 IT업체에 대항하려는 모습이다. IT업체가 치고 나오기 전에 기선을 제압하려는 것이다. 물론 IT사업자는 지급결제에 치중하는데 반해, 이들은 보다 전통적인 은행서비스, 예를 들어 신용대출 등에 중점을 두고 있으며, 송금 정도에서 겹치는 수준이다. 카카오가 인터넷은행을 표방하여 나서고 있지만 과연 이들과 차별화되는 서비스를 제공할 수 있을지는 두고 보아야 할 문제다.

어째서 이처럼 다른 양상이 나타나고 있는 것일까? 조금 거슬러 올라가 역사적 배경을 살펴보면 이해에 도움이 될 것이다. 해방 후 한국에서 새롭게 등장한 재벌은 무주공산이던 은행을 인수하여 사실상 금융과 산업을 한 우산 아래 거느릴 태세를 보인다. 삼성그룹이 상업은행, 한일은행, 조흥은행 등 당시의 대표적인 한국의 은행들을 자회사로 거느리던 시절이 잠시지만 존재했다. 그러나 5.16으로 집권한 신정부는 경제발전이 시급했다. 어느 세월에 시장이 알아서 경제발전 해주기를 기대한단 말인가? 정부는 교통신호를 하는 경찰처럼 경제개발계획이라는 신호등을 따라 트래픽을 통제한다. 정부가 가리키는 방향으로 가는 기업에게 정책자금을 확 몰아주어야 하는데, 그러기 위해서는 은행이 국유화되어야 한다. 관치금융이 시작된 것이다. 물론 중간에 IMF 외환위기를 겪으면서 은행의 공중분해와 이합집산을 거치기는 했으나 은행에 대한 정부의 영향력은 여전히 강력하다. 공무원이 은행장으로 가는 경우도 적지 않고, 은행의 임원에 대한 인사에서도 정부의 입김이 강하게 작용한다.

더욱이 삼성전자, 현대자동차와 같은 글로벌 기업이 나올 정도로 한국 경제의 재벌에 대한 경제의존도가 높다. 재벌의 영향력은 경제에 국한되지 않고 언론과 스포츠 등 사회 전반에 걸쳐 압도적이다. 이에 따라 재벌에 대한 반감이 높아지고 있을 뿐만 아니라 이들이 금융까지 장악하면 정말 큰일이라는 식의 여론도 조성되고 있다. 금산분리에 대해서 그토록 강한 저항이 존재하는 배경이다. 결국 금융에 대한 정부의 장악력이 약해지기 쉽지 않은 구조이다. 그런데 정부가 주도하는 혁신이라는 것은 기술의 발전경로가 확실한 산업에서는 효과적일 수 있으나, 핀테크와 같이 어디로 튈지 알 수 없는 산업에서는 효과가 반감된다. 결국은 사업자가 제일 잘 아는 것이다.

정부의 입김은 특히 보안에 대한 규제에서 극명하게 드러난다. 지금은 많은 부분에서 규제를 완화하였으나, 정부는 보안을 제일의 가치로 하여 금융산업을 통제하여 왔다. 이러한 기준이 크게 틀린다고 볼 수는 없다. 예를 들어 보안이 쉽게 뚫리고 사기행위가 빈발하면 전자상거래가 온전히 발전할 수 있겠는가? 그러나 보안의 강조는 관치금융과 맞물려 소비자에게는 매우 불편한 제도를 강제하게 되었다. 공인인증서와 ACTIVE-X가 대표적이지만, 사실 그 외에도 금융산업에 대한 사전적인 규제가 적지 않았다. 이러한 분위기에 금융기관이 오히려 편승하고 안주하는 상황도 나타났다. 보안에 필요한 많은 조치를 소비자들이 직접 수행하도록 떠넘긴 것이 대표적이다. 그 반면 금융기관단에서 취해야 할 보안 조치, 예를 들어 FDS(Fraud Detection System: 데이터 분석을 통하여 부정을 방지하는 시스템) 등은 상대적으로 발전이 더디었다.

IT가 금융을 지원하는 백업시스템으로만 기능하고, 온라인 쇼핑이 국내산업으로만 머물러 있을 때까지는 큰 문제가 없이 돌아갔다. 그러나 IT와 금융이 분리가 어려울 정도로 혼합되고, IT가 오히려 금융을 변모시키는 시대에 접어들면서, 또한 직구라는 이름으로 국가 간 온라인 쇼핑이 경쟁에 돌입하는 시대가 되면서 이러한 관행을 방치하는 것은 더 이상 곤란하게 되었다. 중이 고기 맛을 본 것처럼 외국의 편리한 결제시스템의 맛을 본 소비자들은 과거의 맛 없는 서비스로 돌아가려고 하지 않는다. 또한 온라인 쇼핑몰 사업자의 입장에서 볼 때 보안의 강화와 결제의 편리 중에서 어느 쪽이 이익인가? 사전적인 보안을 완화하면 카드 도용 등 부정행위가 더 늘 것은 틀림없다. 그렇지만 이를 해결하기 위해 FDS와 보험을 강화하면 비용이 늘기는 하겠지만, 그보다 매출이 더 크게 는다면 그쪽이 더 이익이 아닌가? 아마존과 알리바바의 성장을 보면 이는 지극히 자명한 이치라는 것을 알 수 있다. 아마존과 알리바바에서 한국의 온라인 쇼핑몰보다 부정행위가 더 빈발한다고 해서 이들의 명성이나 신뢰도가 더 낮은가? 사람들이 의심하고 이용을 꺼리는가?

현재 우리나라 정부에서도 규제의 큰 흐름을 사전에서 사후로 바꾸는 작업을 진행 중이다. 이것이 핀테크 산업의 발전에 큰 도움이 될 것이지만, 관행이라는 것은 쉽게 바뀌지 않는다. 우리나라와 같이 발달한 IT

인프라와 스마트폰에 익숙한 소비자 집단을 가지고 있으면서 핀테크 산업에서는 오히려 낙후를 면하지 못하는 것은 규제 외에 큰 원인을 찾을 수 없기 때문이다. 너무도 발달한 신용카드 등 오프라인 결제시스템과 이에 맞추어진 규제시스템은 몸보다 작은 옷처럼 모바일 머니의 발전을 억제하고 있다. 모바일 머니가 더 편리할 수 있는데도 규제로 인하여 신용카드 등의 기존 결제수단보다 불편하다면 소비자들이 일부러 모바일 머니를 사용하려고 하지는 않을 것이기 때문이다.

미국의 간편결제 사업자

미국 역시 전자상거래가 발달한 나라이지만, 아직 모바일로의 이동은 조금 더딘 편이다. 미국의 전자상거래 분석기관 커스토라(Custora)의 보고서에 따르면, 2015년 11월 넷째 주 목요일인 추수감사절 연휴 기간 중 PC를 통한 주문이 전체 온라인 주문의 70%를 차지하고 있다. 따라서 아마존의 아마존페이, 이베이의 페이팔이 여전히 주도적인 간편결제 사업자라고 볼 수 있다. 또한 이들은 모바일에서도 앱을 통한 결제서비스를 제공하고 있다.

이에 대해 스마트폰 OS를 제공하는 애플과 구글은 주로 모바일 간편결제서비스에 집중하고 있다. 이들의 결제 앱인 애플페이와 안드로이드 페이는 이미 스마트폰에 선제적으로 탑재되어 있다. 여기에 카드정보를 등록한다. 애플페이의 경우 앱스토어를 이용하기 위해 신용카드를 등록한 경우가 많다. 따라서 애플페이를 위해 별도로 카드정보를 등록하지 않아도 된다는 점이 장점이다. 문제는 NFC 방식에 의해서 결제한다는 것인데, 이것은 미국 역시 NFC 신용카드결제단말이 거의 없는 상황이다 보니, 결정적인 흠으로 작용한다. 안드로이드페이도 비슷한 문제를 안고 있다. 이들이 모두 앱스토어나 구글플레이스토어와 같은 앱장터는 갖고 있지만 온라인 쇼핑몰이 취약하다는 점 때문에 확산에 어려움을 겪고 있다. 그래서 애플 같은 회사는 보조금을 주어가면서 NFC 신용카드결제단말의 저변을 넓히고 있다. 만약 그러한 하부구조가 임계점을 넘어서면 판세가 급격하게 애플과 구글로 기울 수도 있다.

O2O 결제

온라인 결제와 관련하여 주목할 것은 O2O의 부상이다. 이것은 모바일이 지불수단으로 사용되는 추세 때문에 매우 중요하다. 사람들의 습관이라는 것은 무서워서, 일단 하나로 다 된다면 굳이 두 가지 방식을 번갈아 사용하려고 하지 않는다. 요즘에는 모바일로 쇼핑하는 경우가 갈수록 늘고 있는데, 가뜩이나 조그만 화면에 결제까지 불편하다면 많이 이용할 리가 만무하다. 그래서 카드정보를 모바일에 담아서 간편결제 방식으로 지불하는 방식이 갑자기 활성화되었다. 그런데 이것은 오프라인에서도 마찬가지다. 오프라인에서 구매하는 경우도 여전히 많은데, 현재는 아직도 신용카드나 현금으로 지불하는 경우가 많다. 그러나 모바일 쇼핑에서 하던 간편결제가 익숙하다면 습관대로 오프라인에서도

〈그림〉 모바일 결제

모바일로 결제하는 것이 자연스러울 것이다. 이것이 결제시장에서의 O2O다.

오프라인에서 모바일로 결제하는 방식에는 NFC 기능이 탑재된 스마트폰을 사용하는 것과 이용자가 단말에 앱카드를 까는 방식이 있다. 그러나 불행히도 둘 다 현재의 신용카드보다 편리할 것이 없다. NFC 방식은 주로 통신사가 채택한다. 휴대폰의 유심에 가입자의 카드 정보를 저장하고 결제 시에는 단말기를 결제단말에 갖다 대면 된다. 카드의 사용정보는 고스란히 단말을 통해 통신사의 서버로 전달된다. 이렇게만 되면 두말할 필요 없이 편리하나, NFC가 장착된 스마트폰도 한정적이고, 이를 이용할 수 있는 신용카드결제단말도 태부족이다. 따라서 소비자 입장에서는 이처럼 불완전한 서비스를 사용하는 것이 망설여진다.

습관이 안 붙는 것이다.

반대로 앱카드를 사용하는 방식은 카드사의 앱을 휴대폰에 다운로드 받은 다음, 결제 시에는 카메라로 QR코드나 바코드를 찍어서 카드사로 보낸다. 이렇게 되면 카드의 거래정보는 카드사의 서버에 저장된다. 그러나 소비자 입장에서 스마트폰을 꺼내 앱을 작동시키고, 다시 QR코드나 바코드를 찍어서 보낸다는 것은 귀찮은 일이다. 신용카드를 꺼내면 단박에 결제처리가 가능한데 구태여 이런 방식을 채택할 이유가 없다.

이와 같이 오프라인의 모바일 결제 시장에서는 통신사와 카드사가 경쟁하고 있으나 어느 사업자도 뚜렷한 우위를 누리지 못할 뿐만 아니라 서비스 자체가 활성화되고 있지 못하다. 이러한 상황은 상당 기간 지속될 전망이다.

모바일 지갑

최근에는 모바일 지갑을 업체마다 다투어 내놓고 있다. 사람들이 주머니에 넣고 다니는 신용카드 정보를 휴대폰에 옮겨 담도록 하는 것이 목적이다. 그렇게 해야 그 신용카드의 지급결제를 자사의 결제솔루션을 통하여 처리하도록 유도할 수 있다. 궁극적인 목적은 거래를 자신으로 몰아와서 거래수수료를 확보하고, 거래정보를 축적하여 다양한 분야로 크로스 세일링을 하는 것이다. 사람들이 휴대폰을 신분증처럼 들고 다니고 모든 생활의 중심에 놓게 되면서부터 휴대폰이 사업자들의 싸움터가 된 것이다. 이제까지 지갑 속에 카드를 들고 다니던 사람들이 휴대폰에 카드정보를 등록하여 카드처럼 사용한다면? 카드회사는 고객의 개인정보와 거래정보, 그리고 수수료 수입마저 모두 전자지갑 회사와 나누지 않을 수 없을 것이다.

모바일 지갑은 O2O에서 볼 때도 필수적이다. 사람들은 온라인과 오프라인을 옮겨 다니면서 구매한다. 책이나 음반처럼 표준화되지 않은 상품, 또한 고가 상품의 경우에는 현장에 가서 꼼꼼하게 살펴보는 것이 필요하다. 이러한 이유 때문에 아마존과 같은 대형 온라인 쇼핑몰도 오프라인 매장을 내기 시작했다. 따라서 지급결제도 이러한 소비자의 행태에 맞추어 나갈 필요가 있다.

고객들이 전자지갑을 사용하도록 하려면 그렇게 할만한 유인을 제공해야 한다. 보통 사람은 몇 장의 카드를 가지고 다니는데 이를 일일이 관리한다는 것은 귀찮은 일이다. 예를 들어 특정 카드와 제휴하여 할인되는 가맹점이 있고, 특판을 위해 할인행사를 시행하기도 한다. 그때마다 볼록하게 배가 튀어나온 지갑을 꺼내 수많은 플라스틱카드를 뒤진다는 것이 조금 성가시다. 더구나 신분증과 교통카드, 각종 회원증과 멤버십 카드로 지갑 안은 복잡하기 짝이 없다. 이것을 전자지갑에서 대신 관리해준다. 그때그때 가장 유리한 카드를 통해서 결제하도록 하고, 포인트도 자동 적립해준다.

그러나 최종적으로 전자지갑은 결제가 편리해야 한다. 전자지갑을 통해서 결제할 수 있는 가맹점이 적다거나, 카드회사가 적다면 소비자에게는 반쪽짜리 서비스가 되는데, 굳이 더 편리한 다른 대안을 마다하고 이쪽으로 올 이유가 없다. 이러한 이유로 아직 전자지갑은 크게 활성화되고 있지는 못하다. 그러나 이러한 문제는 시간이 해결해줄 것이므로 전자지갑은 결제와 더불어 중요한 서비스가 될 것으로 전망된다.

왜 온라인지급결제시장에 들어오는가?

다양한 산업에 속해있는 기업들이 핀테크라는 융합시장을 노리고 경쟁하고 있으며, 그들이 처음으로 부딪히는 전장이 지급결제시장이다. PC 및 모바일을 이용한 온라인 쇼핑몰뿐만 아니라 모바일을 이용한 오프라인 쇼핑도 이러한 경쟁의 장에 들어와 있다. 여기서 중심은 모바일이다. 상거래의 중심이 모바일로 옮겨감에 따라 생긴 자연스러운 현상이다. 따라서 신용카드 및 은행계좌 정보를 자신의 결제솔루션을 통해 스마트폰에 등록하도록 유도하는 것이 경쟁사들의 일차목표이다. 그렇게만 되면 향후의 결제정보는 자사의 서버에 착착 쌓일 것이고, 이것은 손오공의 여의주처럼 강력한 무기가 될 터이다. 고객의 개인정보와 카드정보, 그리고 거래정보까지 확보하면 다른 품목에서도 그 가입자를 공략할 수 있는 준비가 된 셈이다.

은행, 카드, PG 등의 금융기관은 모바일로 이동하는 시장을 지키려는 목적이 크며, 통신사, 플랫폼사, 제조사, 온라인 쇼핑몰은 그것을 어떻게 채갈 수 있을까 궁리 중이다. 최종적인 금융거래는 여전히 은행과 카드사가 주도권을 가지고 있으나, 이용자의 눈에는 새로운 경쟁자들이 서비스제공자로 보이기 때문에, 생각보다 시장에 주는 임팩트가 크다. 가입자의 인식, 그리고 그에 기반을 둔 충성도가 금융기관이 아니라 이들 신 경쟁사로 옮겨갈 가능성이 높기 때문이다. 특히 광고를 위주로 하는 플랫폼 업체의 경우 구매전환율(광고 클릭 수 중 실제 구매행위로 이어지는 비율)과 결제성공률(쇼핑몰에 들어가서 결제로 이어지는 비율)이 높아질 수 있다. 결제가 불편하면 실제 구매로 이어지는 비율이 저하되는 것이다. 신용카드와 은행계좌, 그리고 현금이 현재는 가장 중요한 지급결제수단이지만 전자화폐 또는 가상화폐가 이들을 점진적으로 대체할 가능성도 크다. 이를테면 중국의 알리바바나 텐센트가 제공하는 결제솔루션은 온라인 쇼핑을 통해서 규모를 점점 키우고 있다. 또 이들은 자신의 은행과 자산운용회사를 보유하고 있으므로 이를 통해서 자신의 전자화폐를 더욱 키울 수 있다.

다만 그것이 금융산업을 근본적으로 흔들지는 않을 것이다. 금융서비스의 핵이라고 할 수 있는 자금중개 기능은 여전히 금융기관이 가지고 있다. 또한 금융업은 규모의 경제와 쏠림 현상이 작용하는 네트워크 산업이라는 점, 또한 금융산업이 국가의 감시 감독과 규제가 강력한 산업이라는 점을 감안할 때 그렇게 말할 수 있다. 오히려 기존 금융기관의 서비스 형태를 크게 바꾸어 놓을 가능성이 크며, 그러한 변화의 과정에 잘 적응하는 회사와 그렇지 못한 회사를 성장과 도태의 길로 갈라놓을 것이 틀림없다.

지급결제시장의 전통적인 사업자는 은행, 카드, PG사이다. 이들은 온라인 쇼핑몰에서 이루어지는 거래의 수수료를 삼자가 나누어가는 분업구조이었으나 이 시장에 통신사, 플랫폼사업자, 제조사가 들어와 시장을 흔들어 놓고 있다. 또한 온라인 쇼핑몰의 일부로서 완전히 통합된 PG사(예를 들면 알리페이)는 전자상거래로 유통시장의 중심이 옮겨가면서 자신의 몫과 영향력이 날이 갈수록 커지고 있다. 이러한 판도의 변화는 IT의 수요측면에서는 모바일의 비중확대, 그리고 공급측면에서는 이에 부응하는 온라인 쇼핑몰의 확대에 기인하는 것이다. 새로운 사업자들은 IT를 이용하여 자신의 영역을 금융시장으로 확대하려고 하며, 기존 금융 쪽 사업자들은 IT 역량을 강화하여 자신의 영역을 방어하려고 하는 것이 이 싸움의 요체이다.

송금의 발전

상품의 구매에 수반되는 지급결제와는 달리 송금은 IT기업이 온라인 쇼핑을 통해서 접근하기는 어려운 영역이다. 예를 들어 알리바바와 이베이 같은 기업은 알리페이와 페이팔과 같은 전자화폐를 통해서 자사 가입자 간 송금을 저렴하게 제공할 수 있으나 그 네트워크 밖에 위치하는 소비자에게는 접근하기 어렵다. 이렇게 되면 송금을 하는 사람의 입장에서는 매우 부족한 서비스가 되어 굳이 반쪽짜리 서비스를 이용할 유인이 없다. 다만 알리페이와 페이팔은 자신의 계정으로부터 상대방의 은행계정으로 송금하는 것이 가능하다. 알리페이와 같은 서비스로 결제할 수 있는 품목과 경우가 늘면 늘수록 네트워크는 커지고 송금수단으로도 유용해진다.

이것은 통신사와 제조사, PG가 볼 때도 비슷하다. 자신의 가입자는 전체 소비자의 일부에 불과하기 때문이다. 그러나 플랫폼사업자는 이 분야에서 다소 유리하다. 자신의 가입자 기반이 워낙 넓기 때문이다. 예를 들어 카카오와 같이 거의 전 국민이 가입된 플랫폼의 경우는 송금서비스에 있어서 강점을 가질 수 있다. 그리고 이것은 지급결제와 결합되면 더욱 편리해져서 이용자에게 어필할 수 있다.

미국의 벤모와 같은 서비스는 SNS와 송금을 결합하여 젊은 층에게 어필하는 서비스를 만들어 돌풍을 일으킨 바 있다. 광범위하지는 않지만 친구와 가족과 같은 한정된 집단에 대해서 즉시 송금하고 SNS로 메시지도 전달할 수 있어 호소력이 있다. 화면구성이 페이스북과 유사하여 젊은 층들이 편안하게 적응할 수 있다. 국내에서 벤모와 유사한 서비스로 2015년 2월 비바리퍼블리카에서 출시한 토스라는 서비스가 있다. 앱을 통하여 이용하며, 계좌 대신 상대방 휴대폰으로 돈을 보낼 수 있다. 물론 제휴은행에 송금자의 계정이 있어야 하지만 돈을 받는 사람은 은행에 제한이 없다. 기업과 은행 간 금융거래 시에 사용되는 FIRM

BANKING SYSTEM을 이용하기 때문에 복잡한 본인인증 절차가 필요 없다. 등록된 계좌에서 토스로 테스트용으로 1원을 보내고 이것을 통하여 본인인증을 한다. (이것이 페이팔의 방식이다) 그리고 송금한 다음에는 휴대폰으로 문자메시지를 보내 이를 확인해준다. 아직 제휴 은행이 적어 크게 확산되지는 못하고 있다. 카카오의 뱅크월렛카카오도 유사한 서비스를 제공하고 있는데, 카카오톡의 광대한 가입자 기반은 이 서비스를 확산하는 데 큰 도움을 줄 것으로 기대하고 있다.

국제송금의 경우에는 환전의 문제가 있고, SWIFT라는 국제 결제망을 이용해야 하기 때문에 송금수수료가 매우 높다. 예를 들어 한국의 신용카드를 이용하여 미국 온라인 쇼핑몰에서 구매를 하면 신용카드수수료 + SWIFT 이용료 + 환전수수료가 붙어 순수 상품 구매 외에도 너무 많은 수수료를 부담해야 한다. 내가 내 돈 보내겠다는데, 왜 이렇게 곁다리들이 많은가? 따라서 이를 절약하고자 하는 소비자의 욕구가 매우 높다. 이 문제를 해결하기 위해 영국에서 트랜스퍼와이즈 등의 모델이 나왔으나 기존 서비스를 대체할 만큼 종합적이고 완전하지는 못하다. 비트코인은 이를 절약할 수 있는 좋은 대안이지만 실전에 사용하기에는 단점이 적지 않다. 아직 사용자가 적고, 현금과 교환하는 데는 추가적인 수수료가 붙으며, 또 그 가치가 불안정하다. 그러나 송금 분야에서의 높은 시장압력과 IT 기술이 맞물려 새롭고 유용한 솔루션이 나올 것이 분명하다. 단지 시간의 문제일 뿐이다.

5장

비트코인

키프로스 사태

2013년 4월 지중해의 섬나라 키프로스가 EU에 구제금융을 신청하였다. 키프로스 내 은행들이 그리스 국채를 많이 샀다가 값이 폭락하자 부도위기를 맞았던 것이다. 은행의 파산설이 나돌자 불안해진 예금자들이 새벽부터 은행 문 앞에서 장사진을 치는 등 난리가 일어난다. 키프로스 정부는 은행을 구제하기 위하여 EU의 바짓가랑이를 붙잡고 늘어지게 되었다. 이에 대해 EU는 조건을 내걸고 구제금융요청에 응했다. 은행예금의 40%를 세금으로 징수하라는 것이다. 소위 BAIL-IN이라는 것이다. 예금의 40%라니? 아무 잘못도 없는데 피 같은 내 돈을 40%나 떼 가겠다는 말인가? 놀란 예금자들은 세금을 피할 방법을 궁리하게 된다. 키프로스 은행에는 특히 러시아 부자들의 해외도피 자금들이 많이 입금되어 있다는 소문이 파다했다. 가는 날이 장날이라고 마침 비를 피해 숨은 곳에 소나기가 퍼붓는 격이었다. 그들이 대안으로 찾아 나선 것이 비트코인이다. 때아니게 몰린 비트코인의 수요 덕분에 비트코인의 가격은 하늘을 찌르게 올라갔다. 이어서 또 하나의 구제금융 대상국으로 사람들의 입에 오르내리던 스페인에서도 비트코인 관련 앱들이 불타나게 다운로드 되었다. 자신이 은행에 맡긴 돈이 고스란히 세금으로 압수되지 않을까 하는 사람들의 초조한 마음이 그대로 드러나는 순간이었다. 이처럼 비트코인이 센세이션을 일으키면서 소수의 마니아들 사이에서 통용되던 비트코인이 드디어 대중들의 관심사에 올라가게 되었다.

나카모토 사토시

2008년 8월 bitcoin.org 라는 도메인이 처음으로 인터넷에 등록되고, 10월에 나카모토 사토시라는 사람이 인터넷에 문서를 하나 올렸다. 영어로 쓴 논문이었는데 이름으로 보아 일본 사람인 듯했다. 제목은 '비트코인: P2P 전자화폐시스템' 이었다. 비트코인의 작동원리와 특징에 대해서 저자가 직접 설명한 글이었다. 그리고 2009년 1월 최초의 비트코인이 만들어짐으로서 이 신종화폐는 탄생의 울음을 터뜨린다. 한동안은 나카모토 혼자서 비트코인을 채굴하였으나 이내 해커라고 불리는 컴퓨터 전문가들의 눈에 이 화폐가 띄었다. 그중의 일부는 장난삼아 비트코인의 채굴작업에 동참했다. 어떤 사람은 비트코인의 가격을 달러로 환산해보기도 했다. 자신이 비트코인을 채굴하기 위해서 사용한 컴퓨터의 전기요금을 채굴한 비트코인으로 나누어 1비트코인 = 0.0008달러라는 환율을 얻은 것이다. 터무니없는 환산 방식이었으나 이렇다 할 만한 참고자료가 없는 동안에는 이것이 최초의 환율 역할을 했다. 비트코인에 대한 일종의 이론가격인 셈이다.

해커들 사이에서 서서히 비트코인 네트워크가 형성되고 마침내 온라인 포럼이 만들어진다. 그리고 이 포럼에 속해있던 두 사람 사이에서 비트코인을 이용한 최초의 상거래가 이루어졌다. 2010년 5월 18일 저녁이었다. 비트코인 포럼 게시판에 닉네임 LASZLO가 라지 사이즈 피자 2판을 자신의 주소로 보내주면 1만 코인을 지불하겠다는 글을 올렸다.

무수한 댓글이 달리며 이 제안에 호기심을 표했으나 막상 거래에는 응하는 사람은 없었다. 그러다가 드디어 5월 22일 닉네임 JERCOS라는 사람이 거래에 응하겠다는 글을 올리고 피자 2판을 배송하였다. 피자 2판을 버린 셈 치겠다는 심산이었을 것이다. 그러나 그것이 비트코인이 화폐로 현실에 사용된 첫 순간이었다. 1만 코인은 피자 2판, 역으로 피자 1판에 5천 코인의 시장가격이 형성된 것이다.

나카모토 사토시는 누구일까? 사람들은 일단 그가 컴퓨터와 영어에 능한 일본인일 것으로 추정하였다. 그는 결코 이름 외에 자신의 신분을 밝히지 않았으며, 비트코인 이전에 그의 이름이 인터넷에 오르내린 적도 없었다. 어떤 사람은 교토대학의 천재적인 수학자인 모츠즈키 신이치를 지적하기도 했다. 그러나 본인은 펄쩍 뛰면서 자신은 결단코 그 일과 관련이 없다고 부정하였다. 미국의 뉴스위크는 미국 LA에 사는 일본계 미국인이 바로 그 사람이라는 보도를 내기도 했다. 그의 정체는 한동안 오리무중이었으나 2016년 5월 45세의 호주의 사업가이자 컴퓨터공학자인 스티븐 라이트(Steven Wright)가 자신이 바로 그 나카모토 사토시라고 자백을 하였다. 그러나 일각에서는 그가 자신이 개발자임을 입증하기 위해서 내놓은 증거가 충분하지 않다는 점을 들어 아직 공식적 인정을 망설이고 있다.

비트코인은 어떻게 얻는가?

아직 비트코인을 받는 상점은 많지 않지만 이것은 사실상의 화폐로 자리를 잡았다. 어떻게 하면 비트코인을 얻을 수 있을까? 두 가지 방법이 있다. 직접 채굴하거나, 아니면 현금을 주고 사는 것이다. 이것은 금과 비슷하다. 금을 얻으려면 본인이 직접 금광에서 채굴하거나, 아니면 현금을 주고 금괴를 사지 않는가? 금을 땅속에서 채굴하는 것과 달리 비트코인은 컴퓨터를 통해 계산문제를 풀어서 얻어야 한다. 그래서 계산문제를 푸는 과정을 채굴이라고 비유하는 것이다. 이렇게 보면 비트코인은 금본위제 시절로 다시 돌아가는 돈이라고 볼 수 있다. 금의 채굴을 통해 돈이 경제에 흘러들어오는 것이 정부의 지시에 의해서 이루어지는 것이 아니었던 것처럼 비트코인의 채굴도 정부와 무관하게 개인들에 의해 이루어지는 것이다.

비트코인의 매장량은 2,100만 코인이다. 2009년에 최초로 채굴되기 시작하여 2012년까지는 10분에 50코인씩 발행되었고, 2013년부터는 10분에 25코인씩, 2017년에는 10분에 12.5코인씩으로 점차 발행 양이 절반씩으로 줄어들게 설계되어 있다. 그리고 2140년에는 발행이 완전히 종료된다. 땅속의 금도 시간이 갈수록 채굴하려면 깊은 곳을 파 들어가야 하므로 어려움이 늘고 비용부담이 커지며, 종국적으로는 더 이상 채굴할 금이 남아있지 않게 될 것이다.

채굴이 실제로 이루어지는 과정을 살펴보자. 비트코인은 인터넷상에서 쉴 새 없이 거래된다. 이러한 거래정보가 P2P(Peer-to-Peer) 네트워크에 등재된다. P2P 네트워크라는 것은 인터넷상에서 비트코인 거래를 위하여 서로 연결된 컴퓨터라고 말할 수 있을 것이다. 인터넷이 그렇듯이 P2P 네트워크에도 중앙이라던가 관리자라던가 그런 것이 없다. 10분 간격으로 거래정보(이것을 블록이라고 부른다)가 P2P 네트워크에 속한 컴퓨터에 전달되고, 이들은 이러한 거래들이 정당한 것인지를 검증하기 위해 경쟁적으로 어떤 계산을 한다. 계산은 난이도가 높은 고차원 식을 푸는 것이 아니라 맞는 답이 나올 때까지 임의의 값을 식에다 넣어보는 단순 무식한 방법으로 한다. 그 계산에 최초로 성공한 컴퓨터는 계산 값을 다른 컴퓨터들에 보내고, 이들은 계산 값이 옳은지 검증한다. 계산의 검증은 식에다가 답을 넣어보는 식으로 아주 간단하다. 다른 컴퓨터들이 그 계산 값이 옳다는 것을 확인하면 도장이 찍힌다. 모든 컴퓨터가 동의해야 하는 것은 아니고 50% 이상이 동의하면 된다. 민주주의 다수결 원칙이 적용되고 있는 것이다. 그렇게 해서 계산에 최초로 성공한 컴퓨터는 보상으로 25코인을 받는데, 이것을 채굴이라고 부른다. 정당하다고 인정받은 거래기록, 즉 새로운 블록은 기존의 블록에 연결된다. 이 연결되어 있는 블록을 블록체인, 또는 공개장부라고 부른다. 누구나 열람할 수 있기 때문에 그러한 이름으로 부르는 것이다. 이 블록체인은 P2P 네트워크에 있는 수많은 컴퓨터에 분산 저장되며, 누구나 원하면 분산 저장된 파일을 모아서 하나의 완전한 공개장부를 볼 수 있다.

이것은 컴퓨터를 통해 영화를 다운로드 받는 비트토렌트를 생각하면 알기 쉽다. 각자의 컴퓨터에는 영화 파일이 있다. 그런데 여러 사람들이 컴퓨터에 저장되어 있는 각자의 영화 파일을 공유하면 공짜로 볼 수 있는 영화가 크게 늘어난다. 그러나 누가 어떤 영화를 가지고 있는지 알 수 없다. 그래서 인터넷 사이트에 중개소를 만들어 영화명과 그 영화를 보유하고 있는 컴퓨터의 주소를 올린다. 어떤 사람이 '아바타'라는 영화를 보고 싶다면 그는 그 사이트를 통해서 영화를 다운받는다. 만약 그 영화를 하나의 컴퓨터에서만 다운받는다면 둘을 연결하는 회선에 상당한 부하가 걸릴 것이고 다운받는 속도는 하염없이 느려질 것이다. 그래서 '아바타'를 보유하고 있는 여러 컴퓨터에서 조금씩 나누어 받는다. 그렇게 해서 받은 조각들을 끼워 맞추면 완벽한 한편의 '아바타' 필름이 되는 것이다. 이것이 P2P 네트워크 기술이다. 비트코인은 영화 대신 블록체인을 동일한 방식으로 분산 저장하고 필요시에는 불러 모으는 방식으로 보안과 네트워크 부하의 문제를 깔끔하게 해결하였다.

비트코인을 채굴하는 것은 선수들이나 하는 작업이다. 최근에는 비트코인 채굴에 특화된 장비까지 나와서 효율적으로 그리고 대량으로 채굴에 나선다. 따라서 일반인들에게는 이런 방식은 엄두가 나지 않고, 대신 인터넷상에 많이 존재하는 거래소를 찾아가서 현금을 주고 사면 된다. 굳이 살 필요가 있으면 그렇다. PC뿐만 아니라 스마트폰에서도 가능하며 비트코인 앱을 설치하고, 여기에 이름과 전화번호, 은행계좌를 등록한 후, 전자지갑을 다운받는다. 그리고 이 전자지갑을 통해서 현금을 주고 비트코인을 산다.

비밀 키와 공개 키, 그리고 주소

전자지갑을 다운받으면 자동적으로 비밀 키와 공개 키, 그리고 주소가 만들어진다. 먼저 만들어지는 것은 비밀 키, 이것이 중요하다. 패스워드와 같은 것으로, 이것을 다른 사람이 알게 되면 지갑에 있는 비트코인은 이미 남의 것이라고 생각하는 것이 좋을 것이다. 그리고 어떤 수학식을 통해서 비밀 키로부터 공개 키를 만들고, 다시 공개 키로부터 주소를 만든다. 공개 키는 누구나 이용할 수 있으며, 이를 통해서 이 전자지갑을 통해 이루어진 거래기록을 열람할 수 있다.

비트코인의 거래

전자지갑은 공개 키와 개인 키를 담는 곳으로 전자지갑을 갖게 되면 이제부터 비트코인을 거래할 수 있는 준비가 된 것이다. 공개 키는 말하자면 그 사람의 은행계좌번호이다. 비밀 키는 계좌의 비밀번호이며 또는 수표에 하는 서명과도 같다. 거래를 하기 위해서는 비밀 키를 통한 전자서명이 필요하다. 그리고 주소는 공개 키에 대응하는 것으로서 수표를 '누구에게 지불한다'라고 수취인의 이름을 적는 것처럼 송금처를 표시한다. 만약 다른 사람에게 비트코인으로 송금하려면 받는 사람의 주소와 금액을 입력하고 전송 버튼을 클릭하면 그만이다. 이것은 스마트폰에서 카카오페이로 송금하는 것과 다를 바 없다. 다만 그 대상이 현금이 아니라 비트코인이라는 것만 다르다. 그러나 그 밑에서 진행되는 프로세스는 전혀 다르며 오히려 수표를 보내는 것과 비슷하다. 수표는 은행의 당좌계정에 있는 예금을 담보로 발행하며, 이서를 하여 상품을 구매할 수도 있고 다른 사람에게 넘길 수도 있다. 비트코인도 수표와 비슷하게 전자 서명하여 구매도 하고, 다른 사람에게 보낼 수도 있는 것이다.

예를 들어 내가 친구에게 10코인을 보낸다고 하자. 나는 '내 친구에게 10코인을 보낸다' 라는 메시지를 작성하여 비밀 키로 전자서명을 한다. 이것은 패스워드를 쳐서 넣는 것과 같다. 그리고 친구의 주소로 비밀 키, 공개 키와 메시지를 보낸다. 정확하게 얘기하면 친구에게 보내는 것이 아니라 P2P 네트워크로 보내는 것이다. 이 거래는 즉시 공개장부에 기록된다. 공개장부는 부동산 등기부처럼 공개되어 누구나 열람할 수 있다. 그러면 친구는 받은 비밀 키를 이용하여 비트코인을 인출할 수 있다. 다른 사람들은 공개 키를 이용하여 공개장부를 열람한 후, 이 거래가 일어났고 그것이 정당한 거래라는 사실만 확인할 수 있다.

기술적인 설명

채굴자는 두 가지 보상을 받는다. 첫째는 새로운 블록의 승인에 필요한 계산을 하면 새로운 코인이 만들어져서 그것을 보상으로 받는다.

둘째는 그 블록 내에 포함된 거래의 수수료를 받는 것이다. 그러니까 금을 캐서 얻는 보상이 첫 번째 수익이고, 금의 거래를 주선함으로써 얻는 보상이 두 번째 수익이다. 비트코인의 생산량이 점차 줄어 2140년에 완전히 중단되므로 새로운 비트코인의 생성에 의한 수익은 점차 줄어들고, 거래를 중개하는 수수료로 얻은 수익이 점차 커지게 될 것이다. 채굴과정을 통해서 채굴자는 금전적 이익을 얻지만, 그 대신 거래를 인증하고 승인하는 정산소의 역할도 한다. 그것을 현재의 은행시스템처럼 중앙의 정산소가 하는 것이 아니라 무수히 많은 컴퓨터들이 공동으로 하는 것이다.

은행에서 돈을 보낼 때 송금수수료가 붙는 것처럼 비트코인을 보낼 때도 수수료를 지불하게 된다. 다만 비트코인은 은행이 아니라, 채굴자에게 지불하게 된다. 내가 친구에게 비트코인을 보내면 내 계좌에서 빠져

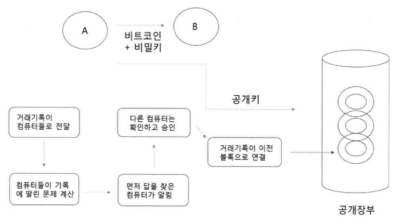

〈그림〉 비트코인 거래절차

나가는 코인(입력 값)과 친구의 계좌로 들어가는 코인(출력 값)이 장부에 기록된다. 다만 입력 값은 출력 값보다 약간 크며, 그 차이가 수수료로 채굴자에게 가는 것이다. 하나의 거래 즉, 비트코인을 A에서 B로 송금하는 것은 현 소유주가 서명 후 거래기록을 P2P 네트워크의 어떤 컴퓨터(노드라고 부른다)에 보내면서 시작된다. 그 네트워크상의 어떤 노드라도 상관없다. 그리고 나서 그 거래기록은 다른 노드로 순식간에 전파된다. 이 네트워크는 통신망과 같이 중심으로부터 뻗어 나가거나, 컴퓨터 파일처럼 나무 형태로 내려가는 것이 아니라 그물망 형태로 연결되어있다. 따라서 모든 노드가 동등한 입장이다. 거래를 받은 노드는 이것을 이웃한 노드로 전파한다.

10분간의 거래정보가 모인 블록에 대해 50% 이상의 노드가 찬성하면 이 거래는 유효한 것으로 인정되어 기존 블록체인에 연결된다. 즉, 공개장부에 등재된다. 그리고 블록이 유효한지를 처음으로 확인한 컴퓨터는 이에 대한 보상으로 수수료를 받는다. 이것을 작업증명(Proof of Work)이라고 한다. 그러니까 네가 애쓴 것이 틀림없다는 증명서를 발행하고, 증명서를 가진 사람에게 수고료를 주는 셈이다. 거래를 조작하기 위해서는 전체 연산능력의 50% 이상을 확보해야 한다. 그러기 위해서는 실로 엄청난 용량의 컴퓨터를 투입해야 한다. 특히 최근에는 아예 채굴에 특화된 장비(주문형 반도체, ASIC, Application Specific Integrated Circuit)가 투입되고 있어 그렇게 하려면 2015년 12월 기준으로 2천억 원 정도가 소요된다고 한다. 더구나 블록체인은 계속 새로운 블록에 의해 연결되므로 이후의 블록에 대해서도 조작을 해야 부정사실이 탄로 나지 않을 수 있다. 사실상 위조가 불가능한 환경이다.

10분간의 거래를 모은 블록에는 헤더와 거래목록이 담겨 있다. 헤더는 말하자면 데이터의 성격 등을 표시하는 설명서와 같은 것으로 여기에는 이전 블록의 해시 값, 채굴정보(난이도, 타임스탬프, 난스), 거래정보 요약본('머클트리루트'라고 부른다)이 들어있다. 해시 값은 이 블록의 이름, 즉 식별자라고 볼 수 있다. 이것을 보면 '아 언제부터 언제까지 10분간 있었던 거래기록이구나' 하고 알 수 있다.

지갑은 개인 키와 공개 키를 담는 곳이다. 그러나 실제로는 데이터베이스 형태의 파일로서 여기에는 비트코인 자체가 들어있지는 않다. 개인 키와 공개 키가 걸려있는 열쇠고리로 생각하면 좋을 것이다. 이 지갑을 해킹하려는 사람이 적지 않다. 이 경우는 바로 금전의 손실로 이어진다. 해커라는 사람들은 워낙 전문가이므로, 이들이 작정하고 덤벼들면 해킹을 막기가 쉽지 않다. 그 때문에 비트코인 전문가들은 주소를 자주 변경하라, 개인 키를 파일로 저장하지 말고 인쇄하여 종이로 보관하라는 등 권고하고 있다. 첨단 IT 시대에 종이로 개인 키를 보관한다니, 어울리지 않는 방법 같지만, 종이로 인쇄해 놓으면 네트워크를 통해서 훔쳐갈 방법은 없으니, 가장 안전하다. 물론 종이를 분실한다거나 도난 당한다면 역시 마찬가지이겠지만.

이러한 거래 과정은 해시 함수를 통해서 암호화한다. 해시 함수는 입력 값을 일정한 길이의 값으로 전환하는 함수이다. 해시 값을 가지고 원래의 입력 값을 추정하지 못하도록 하기 위해서 컴퓨터 운영체제로부터 난수(random number)를 발생시켜 이 난수를 입력 값에 추가한다. 이 난수를 난스(Nonce: Number used once)라고 부른다. 채굴자가 거래인증을 위하여 계산해야 하는 것이 바로 이 난스 값이다.

분산화된 합의 메커니즘

비트코인에서 노드는 P2P 프로토콜을 실행하는 컴퓨터인데, 여기에도 몇 가지 유형이 있다. 풀 노드(Full Node)는 완전한 블록체인 복사본을 보유하고 있다. 단순지불검증 노드(SPV)는 거래를 검증하는 데 특화된 가벼운 노드이다. 비트코인 지갑과 같이 용량이 제한된 스마트폰 등에서 가동된다. 이것은 블록 헤더만 다운로드하고 블록 내의 거래는 보유하지 않는다. 그래서 가볍다고 하는 것이다. 그리고 채굴 노드는 작업증명을 통해 새로운 블록을 생성하는 노드이다.

비트코인의 분산화된 거래승인 메커니즘을 설명하면 다음과 같다. 비트코인의 거래가 이루어지면 첫째, 어떤 기준에 따라 모든 풀 노드가 각 거래를 독립적으로 검증하고, 둘째, 이렇게 검증된 거래를 채굴 노드들이 작업증명을 통해 새로운 블록에 각각 독립적으로 추가시킨다. 셋째, 모든 노드는 새 블록에 대해서 각각 독립적으로 검증하여 체인에 블록을 연결하며, 넷째, 모든 노드는 가장 많은 작업증명을 가진 블록체인을 선택한다. 이렇게 함으로써 마침내 모든 노드는 전체적인 합의에 도달하게 된다.

비잔티움 장군 문제를 해결하다

비잔티움 장군 문제라는 것이 있다. 비잔티움은 동로마제국의 후신으로 1,000년이나 존속했던 제국이지만, 배신과 음모로 점철된 역사를 가지고 있다. 그 나라를 지배하는 장군들은 서로를 믿지 못한다. 누가 배신할지 알 수 없기 때문이다.

전쟁을 앞두고 있는 군대의 장군들 중에 누군가 배신자가 있는 것은 확실하다. 이럴 때 어떻게 올바른 결론으로 가는 합의를 끌어낼 수 있을까? 그들은 각자의 부대를 이끌고 있다. 내일 자정에 일제히 적을 공격하기로 했다고 하자. 그런데 만약 누군가가 배신한다면? 아니 모두 배신하고 막상 아무도 나타나지 않는다면? 자기 부대 혼자서만 적을 공격하다가 오히려 포위되어 전멸당할 수 있다.

예를 들어 떨어져 있는 7명의 장군이 있는데, 이 중 3명은 공격찬성, 3명은 공격반대이다. 남은 1명이 캐스팅보트를 쥔다. 그런데 마침 그자가 배신자다. 그는 공격에 찬성하는 장군들에게는 공격하기로 결정하였다고 통보하고, 반대하는 장군들에게는 공격하지 않기로 했다고 통보

한다. 그렇게 되면 공격에 찬성하는 장군들만 공격에 나섰다가 오히려 역습에 휘말릴 수 있다.

그런데 장군들 중 누군가가 이 문제를 해결하는 아이디어를 낸다. 각자 난수를 발생시키는 기계를 보유하자. 그리고 그 기계를 가동하여 어떤 숫자를 받는다. 가장 적은 숫자를 받은 장군이 공격 여부를 결정한다. 그러나 이 방식도 문제가 있다. 누가 가장 적은 숫자를 받았는지 확인할 길이 없는 것이다. 그렇다면 허위로 그 사람이 나라고 우기면서 다른 이들을 속일 수 있다. 예를 들어 5를 받았는데도 1을 받았다고 주장하며 자신의 의견을 따르라고 명령한다. 그러니까 이것도 불완전한 방법인 것이다.

그런데 이것을 해결할 수 있는 좋은 방법이 있다. 비트코인 방식에 따르면 어려운 계산문제를 각자에게 낸다. 문제는 풀기 어렵지만 답이 맞았는지 틀렸는지는 누구나 쉽게 확인할 수 있다. 가장 먼저 문제를 푼 자가 손을 들고 자신의 답을 말한다. 그러면 모두 그 답이 맞았는지 즉시 확인할 수 있으며, 만약 답이 맞았다면 그에게 결정권을 준다. 그러니까 비트코인은 비잔티움 장군 문제가 네트워크상에서 발생하는 것을 방지하는 해결책을 제시한 것이다.

비트코인의 문제점

이처럼 비트코인은 보안의 문제를 해결하면서 온라인상에서 디지털 머니를 주고받을 수 있는 기술적 돌파를 이루어내었다. 그러나 현실에 있어서 비트코인이 급속히 확산되지는 못하고 있으며 이에 대한 거부감도 상당하다. 비트코인의 문제점은 무엇일까? 흔히들 지적하는 첫 번째는 가치가 불안정하다는 것이다. 비트코인을 투기대상으로 삼는 사람도 많고, 거래소가 털렸다는 소식이 전해지면 가치가 곤두박질치기도 한다. 달러로 평가한 비트코인의 가격이 이렇게 오르락내리락 한다면 확실히 가치의 저장이라는 화폐의 본질 중 하나가 훼손된다. 그러나 이것은 유통량이 아직 적기 때문에 생기는 문제라 비트코인이 점차 확산되면 일부의 투기세력으로 시세를 조작하기는 어려워질 것으로 보인다. 그러니까 가치의 안정과 화폐로서 비트코인의 지위는 서로 맞물려 있는 것으로 닭과 달걀의 관계라고 볼 수 있다. 그리고 달러나 엔과 같은 화폐도 실제로는 가치가 계속 변동한다. 현대의 변동환율제하에서 모든 화폐는 수요와 공급에 따라서 가격이 변동하는 것이고 투기에 노출되어 있다. 그러므로 이것이 반드시 비트코인의 문제라고 볼 수는 없다. 단, 지나치게 급변하지 않는다면 말이다.

둘째, 불법적인 자금도피나 테러 등의 자금으로 사용될 수 있다는 우려가 있다. 실제로 2013년 인터넷으로 마약밀매 및 살인청부 등의 거래 플랫폼으로 악명 높은 Silk Road에서 비트코인이 거래 자금으로 사용된 사건이 적발된 적이 있다. 국내에서도 마약밀수의 대가로 비트코인을 지불하는 사건이 발생한 적이 있고, 비트코인과 유사한 디지털 머니를 다단계 방식으로 판매하는 사기범죄가 일어나기도 했다. 따라서 이러한 걱정도 일리가 있다. 그러나 비트코인은 완전히 익명이 보장된 화폐라기보다는 거래를 통해서 끈처럼 연결된 것으로서 마음만 먹으면 얼마든지 추적이 가능하다. 비트코인의 거래는 블록체인이라는 공개장부에 모두 기록되므로 경찰은 이를 이용하여 범죄자를 추적하여 잡아낼 수 있다.

셋째, 비트코인은 금과 같은 자산의 보증이 없다는 것이다. 그러나 사실 금이 자산인 것은 사람들 간에 그렇게 하자는 암묵적인 약속, 또는 당연히 받아 줄 것이라는 믿음에 기반을 둔 것이다. 금은 아름답기 때문에 장식용으로 사용되며, 간혹 치과용으로 사용되지만 그 밖에는 효용가치가 없다. 또한 설령 금이 자체적인 가치가 있다고 하더라도 현대의 지폐는 금과의 교환이 보장된 것이 아니며 단지 정부의 지불명령에 의해서 받아들여지는 것이다. 따라서 이점에서는 비트코인과 달러가 다를 바 없다.

넷째, 중앙은행 등 믿을 수 있는 기관에 의해서 관리되지 않는다는 것이다. 그러나 이것이 바로 비트코인의 특징이며, 중앙은행이 발행하는 법화 이전의 화폐가 가진 특징이다. 오늘날 중앙은행은 통화량을 시장 상황에 맞게 조절하지만, 그로 인해서 부지불식간에 인플레가 발생하며, 이는 정부에 의한 보이지 않는 조세이자 저축을 한 사람으로부터 빚을 진 사람으로 자산을 배분하는 역할을 한다. 최근의 양적 완화는 그러한 정책의 극단적인 모습이다. 비트코인은 바로 이러한 정책에 도전하는 것이다.

이렇게 보면 비트코인의 단점으로 지적되는 것이 과연 진정한 단점인
지 헷갈린다. 그러나 이 기술은 아직 완전하지 않아, 여전히 몇 가지 문
제가 있다고 알려져 있다. 첫째는 혹시 착오로 지불했을 경우에는 되돌
릴 방법이 없다는 것이다. 블록체인 기술 자체가 한번 승인된 거래는 취
소되지 않도록 설계되어 있다. 둘째는 만약 기술적인 문제가 생겼을 경
우 이를 해결하기 위한 공식적인 절차가 없다. 참가자 간의 의견조정을
통해서 문제를 해결하려면 과도한 시간이 걸릴 수 있다. 셋째는 현재 초
당 처리 건수가 7건에 불과하여 너무 느리다. 비자카드의 네트워크에서
는 초당 1,700건을 처리하는 것을 감안하면 실무에 적용하기에 미흡해
보인다. 넷째는 거래의 승인과정에서 지나치게 많은 컴퓨터와 전기가
소모된다는 것이다. 2014년 한국의 전력소비량이 478TWh(테라와트시)
인데 비해 비트코인 채굴과정에 소모되는 전력소비량은 40TWh에 이
르기도 한다. 꼭 이렇게까지 해야 하는가? 이보다 더 효율적인 방식은
없을까? 이러한 것들은 기술적인 문제인데 시간이 경과하면서 점차 해
결될 수 있다. 어쨌건 비트코인은 진화하는 새로운 화폐이며, 아직 성
패를 논하는 것은 이르다.[1]

---

1. 한국은행, 분산원장기술과 디지털통화의 현황 및 시사점, 2016

비트코인으로는 예금통화창조가 불가능하다

현대의 통화는 현금만을 의미하는 것이 아니다. 은행을 통해 예금통화라는 것이 만들어진다. 17세기 런던의 금세공장들이 상인들의 금을 맡고 예금증서로 신용장을 발부했는데, 이것이 궁극적으로는 은행권으로 발전했다는 얘기는 한 바 있다. 그런데 이들이 가만히 살펴보니 금을 맡겨놓은 상인들이 신용장을 들고 금을 찾는 경우는 매우 드물었다. 일 년이면 대부분 금고 속에서 놀고 있었던 것이다. 돈 벌 기회를 발견한 이들은 혹시 고객이 찾을 것에 대비해 일부만 남겨놓고(준비금이라고 한다) 나머지는 다른 사람에게 빌려주고 이자를 받았다. 남의 돈으로 돈놀이를 시작한 것이다. 금을 빌린 사람들도 항상 금을 사용하는 것이 아니므로 자신이 거래하는 금세공장에게 다시 맡긴다. 그러면 이 금세공장도 금의 일부만 준비금으로 놔두고 나머지는 돈놀이에 동원한다. 금세공장을 은행으로 바꾸어 놓으면, 이것이 바로 오늘날 은행을 통한 예금통화의 창조인 것이다. 실제로 존재하는 금보다 몇 배가 많은 신용장(예금통화)이 돈으로 사용되고 있다. 이것을 부분지불준비금제도라고 부르기도 한다. 현대에서는 중앙은행이 지불준비금의 비율을 정하여 은행에 강요하고 있다.

그러나 비트코인은 은행에 맡기는 돈이 아니므로 비트코인을 이용한 예금통화창조가 일어날 수 없다. 이것은 정부의 입장에서 곤란하다. 정부는 경제 상황에 따라 시중에서 돌아다니는 돈의 양(통화량이라고 한다)을 통제한다. 2008년 금융위기 이후에 미국 정부는 막대한 국채를 발행하고, 중앙은행은 달러를 발행하여 이러한 국채를 매입하였다. 이것을 양적 완화라고 한다. 비트코인이 광범위하게 사용된다면 은행을 통한 예금통화창조뿐만 아니라, 중앙은행의 통화량 조절정책도 타격을 받게 된다. 더구나 비트코인을 받고 상품을 팔게 되면 정부가 매출을 파악하기 어렵고, 따라서 세금을 거두는 데에도 지장이 많다. 이래저래 골치 아픈 존재이므로 정부가 마땅치 않게 바라보는 것도 이해가 된다.

비트코인에 대한 정부의 태도

비트코인이 정부의 입장에서 달갑지 않은 존재이기는 하지만, 한편으로 보면 그것은 기술의 흐름에 의해서 나타난 현상이므로 앞으로 나타날 화폐의 모습을 보여주는 전조라고 볼 수도 있다. 이러한 양면성 때문에 아직 대부분의 정부에서는 비트코인을 화폐로 인정하지 않고 있으나 그렇다고 비트코인 자체를 제거하기 위해서 적극적으로 탄압하고 있지도 않다. 오히려 조심스럽게 시장의 진행을 지켜보는 편이다. 중국의 경우는 비트코인이 자산 도피의 수단으로 사용되는 경우가 많다 보니, 은행에서 이를 취급하지 못하도록 하고 있다. 그러나 비트코인 자체를 불법으로 규정하고 단속하고 있지는 않다. 대부분은 비트코인을 상품의 일종으로 보는 입장을 취하고 있으나 영국이나 일본처럼 보다 적극적으로 화폐로 인정하는 경우도 있다. 이보다 더 적극적으로 비트코인과 같은 디지털 머니를 아예 중앙은행에서 발행하면 어떨까 하고 궁리하는 나라도 있다. 특히 영국과 캐나다의 중앙은행은 그러한 입장에서 연구와 실험을 진행 중이다. 디지털 머니를 정부가 통제할 수만 있다면 지금의 시스템보다 못할 것이 없다. 화폐의 발행과 거래비용도 크게 줄어들 것이며, 정부는 모든 자금의 흐름을 손바닥 위에 올려놓고 바라볼 수 있다. 따라서 지하경제로 스며드는 돈은 크게 줄어들 것이며 정부의 과세와 통화정책의 능력은 더욱 커질 것이다. 예를 들어 지금 유럽과 일본에서 실험하는 마이너스 금리정책을 피해 도주하는 자금을 차단하고 이를 정부가 원하는 방향으로 몰아가는 역량은 강해질 것이다. 바로 이점을 놓고 정부는 저울질하면서 기술과 시장의 흐름을 지켜보고 있다.

비트코인의 시장현황과 미래

2015년 비트코인의 하루 평균 거래 건수는 12만 건에 불과하여 한국의 신용 및 직불카드 건수인 3,700만 건에 비하면 하품이 나올 정도이다. 또한 비트코인을 받는 가맹점도 7,400개 정도이며, 그것도 북미와 유럽 지역에 치중되어 있다. 따라서 지급수단으로서 비트코인은 아직 미숙하다고 볼 수 있다. 그러나 아마존 등 일부 대형 유통업체에서는 페이팔을 경유하여 간접적으로 비트코인을 수용하고 있으므로 확산 여부를 지켜볼 필요가 있다.

비트코인의 거래소로서 우리나라에서는 코빗, 야피존이라는 거래소가 있으며, 세계적으로는 비트스탬프, 후오비, BTC-E 등이 유명하다. 비트코인 거래소를 보면 압도적으로 중국에 많다. 이는 현재 중국에서 벌어지고 있는 정치적 상황과 관계가 있다. 중국에서는 시진핑 총서기의 진두지휘하에 당의 부정부패 일소운동을 벌이고 있다. 중국인들이 몰려들던 사치품, 골프채, 여성용 고급가방의 매출액이 수직낙하하고, 고급술의 매출액이 현저히 줄고 있다. 중국에서는 비트코인이 자금의 도피 창구로 사용되고 있는 것이다.

은행에서 비트코인을 거부하고 찬밥으로만 대우하고 있는 것은 아니다. 한편으로 시장이 어떤 식으로 발전하고 있는지 촉각을 곤두세우고 주시하고 있다. 예를 들어 미국의 비트코인 거래소인 코인베이스는 세계최대규모로 전 세계 32개국 400만 가입자가 이용하고 있다. 여기에는 뉴욕증권거래소와 스페인의 거대은행인 BBVA가 공동출자하고 있다. 2016년 7월 일본의 대형은행인 미쓰비시은행은 코인베이스에 출자하여 자본과 기술제휴에 나설 예정이다. 은행이 기술과 경험을 축적하여 자신들이 통제할 수 있는 디지털 머니를 개발하려는 의도이다. 따라서 비트코인 자체가 어떻게 발전하는가와 함께 정부와 은행 등 제도권에서 비트코인을 어떻게 수용하고 발전시키는가를 지켜보는 것이 이 게임의 관전 포인트이다.

최근의 움직임을 보면 은행은 비트코인의 핵심기술인 블록체인에 주목

하고 있다. 공개장부를 의미하는 블록체인 기술을 이용하면 매우 저렴하면서도 안전성이 높고, 효율적인 거래시스템의 구축이 가능하다. 지금처럼 하나의 중심이 있어 모든 책임을 지고 막대한 비용을 들여 거래의 안전을 보장하는 시스템은 보기처럼 효율적이지 못하다. 최소한 현재 IT 기술의 관점에서 보면 더 나은 시스템이 존재하는 것이다. 은행은 자신들만의 블록체인을 만들고 여기에 자신들만의 비트코인을 만들어 거래하는 실험에 착수하고 있다. 다만 이 기술은 아직 완벽한 것이 아니며 현실에 적용하려면 막대한 투자비용과 더불어 법과 제도, 관행, 그리고 금융산업의 조직 등에서 거대한 변화가 함께 일어나야 한다. 따라서 급격한 변화보다는 점진적인 변화가 나타날 가능성이 크고, 어떤 시점에 눈에 띌 만큼 큰 폭의 변화가 나타날지 예측하기 어렵다. 그러나 이것이 가는 방향이라는 것만은 틀림없다. 단지, 시간의 문제일 뿐이다.

6장

비트코인 2.0 : 블록체인

• 디지털 머니

비트코인은 디지털 머니다

비트코인은 디지털 머니다. 지폐와 동전처럼 현실 세계에서 실체를 찾아볼 수 있는 것이 아니다. 그러나 엄연히 인터넷을 통해 스마트폰이나 목걸이 같은 상품을 살 수 있다. 또 인터넷 거래소에서 달러나 원화와 환전도 가능하다. 그것은 가상의 인터넷 공화국에서 사용되는 화폐인 것이다.

이와 비슷한 것이 그 전부터 존재하기는 했다. 바로 전자화폐라는 것이다. 예를 들어 T머니와 같은 교통카드 등이 있다. 이것은 단지 버스나 전철을 타는 용도로만 사용되지만, 보다 범용적으로 사용되는 것으로서 K-CASH와 같이 은행에서 발행하는 전자화폐도 있다. 은행에서 플라스틱 카드에 화폐를 충전하고, 이것을 받아주는 가맹점 또는 인터넷에서 상품을 살 수 있다. 다만 사용실적이 미미하다. 소비자 입장에서 신용카드나 직불카드에 비해 별로 편리할 것이 없기 때문이다. 전자화폐는 직불카드와는 다르다. 직불카드는 은행계정이 있어야 하고, 결제와 동시에 은행계정에서 자금이 인출되는 것이지만, 전자화폐는 은행계정에서 이미 돈이 나와서 플라스틱 카드로 옮겨간 것이다. 그러나 둘 다 전자적으로 결제기능을 한다는 점에서 비슷비슷하기 때문에 이용자들이 실제 사용에 있어서 양자를 구분하기는 어렵다. 애당초 현금을 들고 다니는 수고와 위험을 줄이기 위해서 수표가 만들어지고, 이것을 전자적으로 대체하는 것이 직불카드이자 전자화폐이기 때문이다.

그러나 비트코인과 전자화폐는 근본적으로 다르다. 비트코인은 그 자체가 화폐이기 때문에 현실의 화폐가 없어도 된다. 그에 반해 T머니와 K-CASH와 같은 전자화폐는 단지 지불수단이므로 현실의 화폐가 필요하다. 이러한 특성에 따라 비트코인을 가상화폐로, T-머니와 K-CASH를 전자화폐로 분류하기도 한다. 그들 모두를 뭉뚱그려 디지털 머니라고 부를 수 있지만, 후자가 현금을 전제한다는 점에서 '중간단계의 디지털 머니', 전자가 현금을 뛰어넘는 '궁극의 디지털 머니'라고 부를 수도 있을 것이다.

다른 디지털 머니들

사실 디지털 머니는 우리 주변에도 많이 쓰이고 있다. 예를 들어 마일리지와 포인트는 고객의 계정에 전자적으로 기록되고 보이지도 않지만 상품을 구매하거나, 기름을 넣거나, 비행기 표를 사는 데도 사용되므로 사실상 화폐라고 볼 수 있다. 또 특정 인터넷사이트에서만 사용되는 대안 화폐도 있다. 싸이월드의 도토리, 세컨드라이프의 린든달러가 그러하며 게임사이트에서 아이템을 구매하는 데 사용되는 게임머니도 그에 해당한다. 온라인 쇼핑몰인 이베이에서 사용되는 페이팔, 알리바바에서 사용되는 알리페이도 디지털 머니다. 작은 마을공동체에서 사용되는 대안 화폐도 있다. 1983년 캐나다의 한 섬에서 대안 화폐가 처음 시작되었는데, 예를 들어 노동을 하고 임금을 이 화폐로 받아 마을의 가게에서 물건을 살 수 있다. 섬 안에서는 완벽하게 돈으로 작동하며 실제 화폐와 교환도 가능하다.

비트코인과 유사하게 블록체인을 이용한 방식의 화폐도 많이 출현했다. 그것을 비트코인의 클론(clone) 또는 알트코인이라고 부른다. 달러나 유로도 어차피 서로 경쟁하는 통화이다. 비트코인과 같은 디지털 머니의 세계에서도 경쟁이 일어나고, 그중에서 경쟁에 이기는 쪽이 지배적인 머니가 된다. 물론 알트코인에도 여러 종류가 있어서 달러와 유로 정도의 차이가 아니라 특성이 많이 다른 것도 있다. 예를 들어 네임코인(Namecoin)은 인터넷 주소(도메인)를 거래하는 용도로만 사용된다. 누가 도메인을 얻기 위해서 돈을 내느냐고? 전화번호나 브랜드네임도 사람들이 갖고 싶어 하는 인기 품목들이 있기 마련이며 이것은 갖기 어렵다. 네임코인은 독자적인 도메인 체계를 만들어 돈을 받고 도메인을 판다. 이렇게 얻은 도메인은 해킹에도 안전하고 정부가 강제로 폐쇄하기도 어렵다.

● 리플RIPPLE

국가에 반항하는 비트코인, 국가에 순응하는 리플

비트코인은 인터넷에서 소수의 사람들이 만들어 사용하기 시작했다. 그것이 점점 커지면서 최소한 인터넷상에서는 화폐의 구실을 하기 시작했다. 관리주체가 없는 화폐라는 점에서 과거의 아나키즘(무정부주의)를 닮았다. 한국의 독립운동가였던 신채호, 이회영 선생도 무정부주의자였다. 세상의 권력을 미워하고 그런 것이 불필요하다고 생각하는 분들이었다. 비트코인의 창시자나 추종자들도 비슷한 사람들이다. 그러다 보니, 화폐를 운용하는 정부나 은행의 입장에서 비트코인을 달갑지 않게 보는 것은 당연하다. 현대의 모든 국가는 특정한 화폐를 법으로 지정하여 국민에게 사용하도록 명령한다. 그래서 법화라고 한다. 그런데 감히 누구 맘대로 화폐를 만들어 저희들끼리 사용한다는 말인가? 더군다나 기술적으로도 불완전한 이 비트코인은 세금 회피, 돈세탁, 범죄용으로도 사용될 수 있다.

리플은 디지털 환어음이다

리플은 비트코인의 아나키즘을 포기하고 국가에 순응한다. 은행제도와 병존할 수 있으며 오히려 그것을 도와준다. 비트코인이 그 자체로 돈이라고 하면 리플은 환어음과 비슷하며 독자적인 화폐라기보다는 송금수단에 가깝다. 비트코인은 전자서명을 통해 소유권을 상대방에게 넘겨주는 방식으로 사용된다. 그에 비해 리플은 중개인을 통해서 돈을 송금한다. 나는 중개인에게 달러를 주고 대신 차용증을 받는다. 그다음에는 중개인이 친구에게 원화로 송금한다. 이것은 원격지 무역에서 결제대금을 지급하는 환어음의 방식이다. 은행을 이용하여 국제 송금하는 것과 비슷하지만 이것이 자동화된 것으로 생각할 수 있다.

지금도 무역에 있어 이러한 방식이 사용된다. 예를 들어 내가 미국에 있는 업체로부터 상품을 수출하고 그 업체에게 "내 거래은행의 미국 지점으로 수출대금을 지급해주십시오."라는 환어음을 발행한다. 그리고 그 환어음을 거래은행에 할인해서 팔고 원화를 받는다. 그러면 미국의 수입업체는 미국의 내 거래은행 지점에 수입대금을 지급한다. 왜 이러한 방식을 사용하는가? 첫째 나는 원화로 돈을 받고 싶기 때문이고 둘째는 수출대금을 받기까지 시간이 걸리기 때문에 먼저 돈을 받고 싶기 때문이다. 그러니까 환전과 신용이라는 두 기능을 환어음이 해결한 것이며 그 중간에는 은행이 있다. 리플의 경우, 은행 역할을 하는 것을 게이트웨이(Gateway)라고 한다.

정산소가 없는 송금 및 결제시스템

현재 은행의 송금 및 결제시스템은 통합이 부족하다. A 은행의 고객은 기본적으로 A 은행의 고객에게만 송금할 수 있으며 만약 B 은행의 고객에게 송금하려면 중간의 정산소를 거쳐야 한다. 한국 같으면 금융결제원이 이런 정산소의 역할을 수행한다. 국제간 송금을 위해서는 SWIFT라는 국제망을 거쳐야 한다. 이 과정에서 비용이 발생한다. 결국 중앙기관이 있어 이를 통해서 주고받는 시스템인 것이다. 이에 비해 리플은 중앙운영자 없이 공통의 표준을 정해서 자금을 주고받는다. 그리고 거래장부는 누구에게나 공개되어 있고 실시간으로 기록된다.

리플의 사용 방식

그러면 리플은 어떻게 사용하는가? 비트코인과 마찬가지로 먼저 지갑부터 만들어야 한다. 돈이나 수표를 담으려면 지갑이 필요하지 않은가? 공개 키와 비밀 키를 얻고, 공개 키로 주소를 만드는 것도 비트코인과 비슷하다.

그리고 게이트웨이를 선택한다. 이것은 마치 공항의 출입구와 같다. 리플 공화국과 외부 세계를 연결하는 문이다. 리플 공화국 밖에서는 달러 같은 현실의 화폐도 사용하며, 비트코인도 사용한다. 오프라인에서 우리가 은행을 통하여 송금하는 것처럼, 온라인에서 우리는 게이트웨이를 통해서 송금할 수 있다. 물론 약간의 수수료는 지불해야 한다. 보내는 돈은 리플일 수도 있고 다른 통화로 환전하여 보낼 수도 있다. 그러한 거래가 유효한 것인지는 합의라는 과정을 거쳐 결정된다. 합의를 통해서 인정된 거래는 공개장부에 기록되고 망에 연결된 모든 컴퓨터는 이를 열람할 수 있다.

게이트웨이는 서부 개척시대의 은행이다

게이트웨이를 공항의 출입구에 비교할 수도 있지만, 아직 중앙은행이 없었던 시절의 미국 은행과 유사하기도 하다. 그 당시 은행은 국가의 면허 없이 진출할 수 있는 자유업이었다. 은행은 예금을 맡아주기도 하고, 자체의 은행권을 발행하기도 한다. 은행권을 제시하면 금으로 바꾸어주기도 한다. 그런데 도대체 이 은행을 믿을 수 있는가? 갑자기 없어진다거나 사기를 친다거나 하면 어떻게 할 것인가?

이러한 문제가 게이트웨이에도 존재한다. 게이트웨이는 사람들의 예금을 받아 이를 공개장부의 계정에 기록한다. 누구나 열람할 수 있는 장부에 잔고가 생긴 셈이다. 만약 인출되면 반대로 잔고를 차감한다. 은행과 비슷하게 돈세탁 방지와 고객확인(KYC: Know Your Customer)의 의무를 지키기 위해 고객의 신분과 주소, 국적을 파악해야 한다. 현재 비트스탬프(Bitstamp), 리플폭스(Ripple Fox) 등이 유명한 게이트웨이이다. 비영리 기구인 국제리플사업협회(International Ripple Business Association, IRBA)는 게이트웨이가 따라야 하는 절차 및 공개범위를 규정하고 있다. 2015년 6월 기준으로 15개사가 이 기준을 충족하였다.

사람들이 자신의 돈을 맡길 게이트웨이를 선택했으면 그다음부터는 이들을 믿을 수밖에 없다. 서부 개척시대의 사람들도 어느 정도는 은행을 믿고 자신의 돈을 맡겼다. 다만 각 통화별로 그 게이트웨이에 예치하는 금액은 한도가 있어 이를 통해 리스크를 제한하고 있다. 달러는 100달러, 원화는 10만 원, 비트코인은 10코인, 이런 식이다. 또한 그

게이트웨이가 다른 게이트웨이에게 자신의 돈을 빌려주면 그 대가로 약간의 수수료를 받을 수 있다. 이것을 리플링(Rippling)이라고 한다. 잔고를 게이트웨이 간 주고받아 게이트웨이가 유동성을 확보하도록 하는 것으로, 요즘 은행에서 하는 콜거래와 비슷하다. 게이트웨이는 법화(달러, 유로, 엔 등)와 가상통화(비트코인 등), 그리고 몇 가지 상품(금, 은, 백금)으로 표시된 예금을 받는다. 만약 정부가 게이트웨이 자체를 규제하고 면허를 발급한다면 이것은 온라인 은행과 같은 것이 될 것이다. 물론 자동적으로 작동하며 모든 거래기록이 오픈된 그러한 온라인 은행으로.

리플의 역사

리플은 원래 2004년 캐나다 밴쿠버에 사는 푸거(Ryan Fugger)라는 웹 개발자가 만들었다고 한다. 중앙은행이 없이 공동체에서 자치적으로 사용할 수 있는 돈을 만들어보자는 것이 그의 꿈이었다. 그렇게 해서 RipplePay.com이라는 인터넷 기반 시스템을 만들었다. 주로 송금과 지불에 특화된 금융서비스였다. 그런데 2011년 브리토(Arthur Britto)와 슈와르츠(David Schwartz)라는 사람들이 여기에 새로운 착상을 덧붙인다. 바로 합의라는 과정이다. 비트코인은 채굴을 통하여 거래의 인증을 받는다. 그런데 여기에서는 구성원 간의 합의를 인증수단으로 사용한다. 채굴에 따른 막대한 전기소모도 없고, 거래속도도 빠르다. 이것을 그들은 'Jed McCaleb of eDonkey network'라고 불렀다. 그리고 이 아이디어에 동참하는 사람들과 함께 2012년 OpenCoin이라는 회사를 만든다. 이것은 두 사람 간의 직거래가 가능한 송금서비스를 제공하는데, 리플 프로토콜이라는 소프트웨어로 작동된다. 은행과 달리 송금에 시간이 걸리지 않으며, 현존하는 모든 화폐와 금, 마일리지까지도 보낼 수 있다.

이 회사는 현재 리플 랩(Ripple Lab)이라는 이름으로 바뀌었고, 유명한 벤처캐피털인 안드레센사(Andreessen Horowitz)와 구글(Google Ventures)도 여기에 투자하였다. 2013년에는 비트코인 브리지(Bitcoin Bridge)를 통해서 리플과 비트코인을 연결하였다. 이에 따라 리플 이용자는 어떤 통화도 비트코인 주소로 보낼 수 있게 되었다. 2014년에는 코디어스(Codius)라는 프로젝트를 시작하였다. 이것은 가상통화를 이용하여 중앙기관이 없고 송금수수료가 없는 일 대 일 송금시스템을 만드는 것이다. 현재 제도권 은행에서는 Western Union을 통하여 국제송금이 이루어진다. 유명한 인터넷은행인 뮌헨의 피도르은행이 2014년 리플과 제휴하여 이를 지불수단으로 사용할 수 있게 하였다. 미국의 소규모 은행 중에서도 그를 뒤쫓는 사례가 속출한다.

2014년에는 국제적인 송금대행서비스 업체인 어스포트(EARTHPORT)와 제휴하여, 그 회사의 지불시스템과 리플의 소프트웨어를 결합하는 세계적인 지불시스템을 만들었다. 어스포트는 자신이 중심이 되어 세계 각지의 은행과 연결하여 상호 간의 지급결제를 지원한다. 이를 스타 방식 또는 허브 앤 스포크(HUB AND SPOKE) 시스템이라고 한다. 자전거 바퀴의 살이 중심으로 모이는 것을 생각하면 될 것이다. 현재 뱅크 오브 아메리카(BANK OF AMERICA)와 같은 글로벌 은행도 이들의 고객이다. 이렇게 되면 상당히 신뢰할 수 있는 게이트웨이가 생기는 셈이다. 2015년에 피도르은행, 웨스턴은행(Western Union), 호주 커먼웰스은행(Commonwealth Bank of Australia) 등이 리플을 송금에 사용하는 프로젝트를 가동하겠다고 연달아 선언하였다.

거래의 인증을 합의로 하다

리플도 공동의 개방된 거래 장부를 사용한다. 이것은 모든 리플계좌에 대한 정보를 보관하는 데이터베이스라고 할 수 있다. 리플 네트워크에 속한 수많은 독립적 컴퓨터들이 항상 거래기록을 비교하고 확인하여 거래의 유효성을 관리한다. 이 중에는 은행의 컴퓨터도 있다. 거래는 말하자면 장부에 새로운 기록을 추가하는 것이다. 망에 속한 어떤 컴퓨터도 거래를 제안할 수 있으며, 컴퓨터들은 몇 초마다 그러한 거래를 합의하고, 합의된 거래는 공개장부에 기록된다. 멤버 중 압도적 다수가 합의하면 그 거래는 승인된다. 만약 하나의 거래에 대해서 압도적 다수가 합의에 이르지 않았다면 다음 라운드에서 불일치를 줄이기 위해 다시 합의 과정을 시작하고, 정 논란이 많은 거래는 폐기된다. 그리고 새롭게 합의에 이른 거래는 공개장부에 기록된다. 거래량이 너무 많거나 지연이 일어나도 합의가 미루어지고 다음 라운드로 넘어간다. 여기에 사용되는 소프트웨어를 리플 프로토콜이라고 부른다. 이것은 공개된 무료 소프트웨어이지만 리플랩에서 관리하고 계속해서 업데이트한다.

리플은 이 공개장부 즉, 공개 데이터베이스를 관리한다. 장부에는 잔고 뿐만 아니라, 화폐나 자산을 사고팔려는 주문 정보도 보관한다. 장부의 거래정보는 공개되지만, 어떤 사람, 어떤 기업이 그 거래를 했는지는 공개되지 않는다. 합의 과정을 통해서 분산적으로 지불, 교환, 송금이 이루어진다. 이것은 이메일에서 SMTP(Simple Mail Transfer Protocol)가 한 것과 같은 방식으로 금융기관이 중개기관 없이 상호 간 직접 통신하는 것을 가능하게 한다. 원래 이메일도 인터넷상의 수많은 컴퓨터 서버상의 송수신으로 이루어지며, 이러한 기술이 없다면 중간의 중개소 없이 다른 서버에 계정을 둔 사람에게 메일을 보낼 수는 없다. 인터넷의 기술이 메일에서 금융으로 확장된 것이다.

리플은 국가와 은행에 협조한다

정부는 비트코인 등 가상화폐에 대해서 그다지 호의적인 입장이 아니다. 어떻게 하든 자신의 손에서 벗어나려고 하는 이들을 붙잡아 길을 들이려고 한다. 그러나 리플은 이러한 정부의 입장에 호응하고 있다. 예를 들어 리플랩은 리플 거래를 반드시 미국 화폐서비스법(MSB, MONEY SERVICES BUSINESS, 페이팔과 같이 예금을 받지 않고 결제 및 송금만 하는 금융기관에 적용)에 따라 등록된 회사와만

하겠다고 약속하고 있다. 또한 미국의 은행비밀법(Bank Secrecy Act)에 따라 수상한 거래를 미국 정부기관인 금융범죄단속국(The Financial Crimes Enforcement Network, FinCEN)에 신고하고 있으며 이를 위반하였다가 벌금을 물기도 하였다.

리플은 은행과 기타 금융기관이 리플 프로토콜을 자신의 시스템에 통합시켜 사용할 수 있도록 허용하고 있다. 일부 은행들은 리플의 P2P 네트워크에 컴퓨터로 접속되어 있는 것이다.

XRP라는 화폐도 발행한다

리플은 XRP(리플즈라고 읽는다)라는 통화를 발행한다. 그러나 이것은 비트코인과는 달리 특수한 목적을 위하여 사용되는 제한된 통화이다. 첫째는 망의 남용을 방지한다. 거래를 위하여 최소 20XRP라는 소액이 필요하다. 만약 악의를 가진 사람이 망을 파괴할 생각으로 위조거래를 시도한다면, 망에 과부하가 걸리고 수수료는 급속도로 커진다. 따라서 이 사람은 파산을 면치 못한다. 이것은 비트코인에서 위조를 시도하는 컴퓨터가 과도한 작업량, 즉 전기의 소모로 인해서 손실을 보는 것과 유사한 이치이다. 둘째는 중개통화로 기능한다. 만약 엔화를 달러로 바꾸어 송금하고 싶은데 마땅한 거래자를 찾을 수 없다고 하면 대신 자신이 원하는 통화를 XRP로 바꾸어 거래한다.

리플에서는 다른 화폐는 물론이고 XRP도 사용할 수 있다. 만약 XRP 를 사용하면 리플 내부의 장부에 상세한 내용이 기록되며, 다른 화폐로 거래되면 리플 내부 장부에는 지불해야 하는 화폐의 액수와 종류만 기록된다. XRP는 리플 네트워크에 고유한 화폐로 리플시스템에서만 존재한다. XRP는 6자리까지 나눌 수 있으며, 그래서 최소단위는 백만 DROP의 1 DROP XRP라고 불린다. 초기에 1,000억 XRP가 만들어지고 추가적인 창출은 금지되어 있다. 이렇게 하여 시스템은 XRP를 희소한 자원으로 만들었다. 그러나 리플 네트워크의 이용자는 가치의 저장 또는 교환수단으로 XRP를 사용할 필요가 없다. 이것은 다만 거래의 수단으로 필요한 것이며, 모든 리플의 계좌는 20XRP(2014년 1월 28일 시세로 0.38달러)의 소액 준비금을 보유해야 한다.

창출된 1,000억 XRP 중 200억 XRP는 리플랩의 창조자들이 보유하고 있으며, 나머지 80%를 리플랩에 주어 운영기금으로 사용하도록 하고 있다. 2012년 11월 30일 기준으로 리플랩의 보유액 중 720억 XRP가 분배되었다. 그중 일부는 '좋은 목적을 위한 계산(COMPUTING FOR GOOD INITIATIVE)' 과 같은 자선기구에 증정되었고, 이 기관은 연구 프로젝트에 시간을 투여하면 그 대가로 XRP를 준다. 리플랩은 2013년 WORLD COMMUNITY GRID를 통하여 200백만 XRP를 기증하기도 했다. 2015년 3월 기준으로 리플랩이 원래 갖고 있던 80%의 XRP 중 67%는 여전히 그 회사가 보유하고 있다. 리플랩은 분배량을 조절함으로써 다른 통화와의 환율을 안정적으로 유지하는 전략을 구사하고 있다. XRP가 얼마나 또한 누구에게 분배되었는가는 리플 차트(RIPPLE CHARTS) 웹사이트를 통해서 알 수 있다.

XRP에 특유한 기능으로 브리지 통화가 있다. 이는 어떤 시간대에 두 통화 사이의 직접적인 교환이 어려울 때 필수적이다. 예를 들어 서로 환전되는 경우가 거의 없는 통화 간의 거래가 그렇다. 네트워크 내의 환전소에서 XRP는 다른 통화와 자유롭게 환전되며, 그 가격도 다른 통화 대비로 오르내린다. XRP는 하나의 대안 통화로 작동하는 것이 아니라 환전과 정산에 초점을 맞춘다. 여기서 정산은 차액만 결제하는 방식이 아니라, 실시간으로 총액을 정산하는 시스템으로 신속한 결제처리가 가능하다. 이것을 분산형 실시간총액정산시스템(RTGS: Real Time Gross Settlement)이라고 부른다. 차액 정산은 효율적으로 보이지만, 거래가 집계될 때까지 기다려야 하므로 시간의 지체가 발생한다.

2015년 4월 리플랩은 자동 브릿징이라는 기능을 추가하였다. 이것은 시장조성자가 상호 간에 거의 교환되지 않는 통화를 교환하기 쉽게 한다. 시장조성자는 다양한 통화를 보유하고 있으면서 특정 통화를 원하는 사람에게 환전을 해줌으로써 시장의 거래를 원활하게 하는 역할을 한다. 자동 브릿징 기능이 들어옴으로써 리플 네트워크에서 유동성이 풍부하게 되고, 더욱 유리한 환율로 거래할 수 있게 되었다.

만약 이용자가 비전통적인 통화로 금융거래를 하면 리플이 수수료를 받는다. 이것은 해커에게 공격비용을 높여서 네트워크가 훼손되는 것을 막으려는 의도이다. 만약 리플 이용이 완전히 공짜라면 해커는 대량의 스팸 장부(가짜 계좌 등) 또는 스팸 거래(가짜 거래)를 뿌려서 망에 부하를 걸리게 할 것이다. 이렇게 되면 장부의 크기가 너무 커져서 관리가 불가능해지고, 합법적인 거래를 즉시 정산할 수 있는 네트워크의 능력이 훼손될 것이다. 따라서 거래를 하려면 리플의 계좌는 최소 20XRP의 잔고를 유지하고 거래수수료로 0.00001XRP를 내야 한다. (2014년 1월 28일 시세로 0.38달러와 0.0000002달러이다.) 누가 거래수수료를 징수하는 것은 아니고, XRP를 파쇄하여 없애버리는 것이다. 만약 이용자가 대량으로 거래하면(분당 몇천 번씩) 수수료가 올라가고, 활동을 쉬면 가격이 내려온다.

비트코인과의 연계

리플은 비트코인 브리지를 통해서 비트코인과도 연계되어 있다. 따라서 리플계좌를 통해서 누군가에게 비트코인을 보낼 수도 있고 비트코인을 받는 온라인 쇼핑몰에서 구매할 수도 있다. 비트코인 브리지를 이용하면 리플 이용자가 군이 비트코인 거래소에서 수수료를 주고 환전하지 않아도 비트코인을 보낼 수 있다.

브리지는 디지털 통화를 보유하지 않고도 리플계좌로부터 비트코인 이용자에게 지불하는 것을 가능하게 한다. 더구나 비트코인을 받는 상점은 세상에 존재하는 어떤 통화도 받을 수 있다. 예를 들어 리플 이용자가 비트코인보다는 달러를 선호할 수 있다. 그러나 상점은 비트코인으로 지불하고 싶어 할 수도 있다. 비트코인 브리지를 이용하면 리플 이용자는 비트코인 거래소를 이용하지 않고도 비트코인을 보낼 수 있다. 특히 BITSTAMP가 리플 지불 프로토콜의 게이트웨이로 활동하고 있다.

신뢰하는 사람 간의 거래 네트워크

리플에서의 거래는 서로 간에 신뢰하는 사람 간에 이루어지기도 하고, 그렇지 못한 사람 간에도 이루어진다. 사용자들은 누구를 신뢰하고, 누구에게 얼마를 갚아야 하는지를 명시해야 한다. 그리고 그러한 사람 간의 거래에서 XRP가 아닌 화폐로 거래되는 경우에는 양자 간 신용한도(CREDIT LINE)의 잔고를 조정한다. 물론 여기에는 상한이 있다. 만약 두 사람이 서로 간에 신뢰하는 관계가 아니라면 각각 신뢰하는 사람을 찾아서 연결해준다. 그처럼 연결을 거치다 보면 결국 신뢰하는 두 사람의 연결로 이어진다. 결국 두 사람을 연결하는 신뢰자의 네트워크가 만들어지는 것이다. 이것이 자동적으로 이루어지는 것을 경로 찾기 알고리즘이라고 한다. 컴퓨터 프로그램의 알고리즘으로서 작동되기 때문에 그러한 이름을 붙이고 있다. 거래는 이 네트워크를 따라 동시에 이루어진다. 즉, 연결선상에 놓여있는 모든 사람의 잔고가 동시에 자동적으로 조절되는 것이다. 신뢰하는 사람으로 이루어진 네트워크를 통한 지불메커니즘은 리플링(RIPPLING)이라고 부른다. 이러한 방식은 원래

아랍에서 전통적으로 사용되던 방식이었는데, '하왈라'라고 부른다.

리플의 경로 찾기 알고리즘은 송금자가 한 통화로 돈을 보내고, 수금자는 다른 통화로 돈을 받는 것이 가능하도록 한다. 예를 들어 이용자는 달러로 송금하고, 수금자는 비트코인, XRP를 포함해서 다른 통화를 선택하여 받는 것이 가능하다.

시장조성자

리플에는 시장조성자라는 것이 있다. 유동성을 공급하여 거래를 원활하게 돕는 역할을 한다. 현실의 채권시장에서도 거대 금융기관이 시장조성자가 되어 채권을 사고팔고 한다. 그렇게 되면 채권은 언제나 사고팔 수 있게 되어 유동성(언제든지 현금화할 수 있다는 것을 의미)이 높아진다. 어떤 리플 이용자도 시장조성자로 활동할 수 있다. 그들은 유동성을 제공할 수도 있고, 게이트웨이 간의 환전을 해주거나, 리플링을 제공하는 등 중개역할을 맡는다. 실제로는 개인이 아니라 금융기관이 될 가능성이 높다. 그들은 다양한 통화로 잔고를 갖고 있으면서, 여러 게이트웨이를 연결함으로써 직접적인 신뢰관계가 없는 사람들 간의 지불을 도울 수 있다. 따라서 이러한 시장조성자가 많을수록 각 통화의 유동성이 많아져서, 경로 찾기 알고리즘이 매끄럽게 작동할 수 있다. 사용자가 원하는 화폐가 없어서 그 화폐로 지불을 못하는 일을 방지할 수 있는 것이다. 서로 다른 화폐를 사고파는 주문은 주문장부에 모이고,

분산적으로 거래가 이루어진다. 사용자는 시장조성자와 바로 거래하거나 환전하는 것도 가능하다.

리플의 거래과정

리플은 몇 초 만에 거래가 가능하다. 외환거래도 마찬가지이며, 모든 거래는 암호로 처리된다. 계좌의 주인은 전자서명을 통해 지불을 인증하며, 그에 따른 지불은 별도의 중개기관을 필요로 하지 않는다. 리플은 계좌의 잔고를 확인하고, 즉시 지불확인서를 보낸다. 일단 인증하면 지불을 취소할 수는 없으며, 지불을 거절할 수도 없다. 리플의 계좌는 누구나 별도의 신분확인 없이 오픈할 수 있었으나 2015년부터는 신분확인절차가 도입되었다.

리플의 경로 찾기 알고리즘은 두 사람 간 원하는 화폐를 가장 빠르고 환전비용이 싸게 연결할 수 있도록 설계되어 있다. 예를 들어 나는 달러를 보내고, 내 친구는 유로로 받기를 원한다고 하자. 상황에 따라 단번에 달러 → 유로로 환전하는 경로가 있을 수 있고, 아니면 달러 → 비트코인 → 엔 → XRP → 유로로 돌아가는 경로가 가장 빠르고 값싼 길일 수도 있다. 그것을 알고리즘이 자동으로 찾아준다.

보안에 대한 우려

리플이 유효한 거래를 확인하는 방식인 합의에 대한 불안도 있다. 실제로 이러한 방식을 사용하는 경쟁사로 스텔라 기금(Stellar Foundation)이라는 회사의 망이 붕괴되는 사태가 발생하였다. 인증 노드가 여러 개일 경우, 만약 합의에 이르지 못하면? 이 거래에 대해서 동의하지 않는 컴퓨터들은 별도의 장부를 만들 수 있다는 것이다. 결과적으로 내용이 다른 두 개의 장부가 생기는 것이다. 다만 이 부분은 리플에 의해서 부정되고 있다. 그것은 스텔라가 잘못 운영해서 생긴 문제이지, 결코 리플의 네트워크에서는 발생한 적이 없다고 반박한 바 있다.

리플에 대한 반감

리플에 대한 인터넷 커뮤니티의 반감도 있다. 비트코인의 작업증명은 채굴을 통해서 상응하는 노력을 한 다음에 비트코인을 대가로 준다. 그러나 리플의 방식에서는 사전에 채굴된 XRP를 사용하는 것으로서 추가적인 채굴이 불필요하다. 그러면 누가 정당한 방식으로 XRP를 획득할 것인가? 또한 XRP의 20%는 창업자가 보유하고 있다. 이러한 상황은 창업자가 세상에서 하나밖에 없는 금광을 발견한 뒤 20%는 자신이 갖고 나머지만 시장에 풀어놓은 것과 같다. 또는 회사를 창업하여 주식의 20%는 자신이 가지고 나머지만 시장에 공개한 것과 유사하다. 더 이상의 증자는 없다. 다른 사람들의 기분이 나쁠 만하다.

금융기관의 반응

리플은 은행과 정부에 순응적인 방식이기 때문에 이들에게서는 비트코인보다 훨씬 우호적인 반응이 나타났다. 은행의 시스템에 통합되어 기존의 플레이어들이 참여할 수 있는 여지를 주는 것이다. 2015년 4월 '미국 은행(AMERICAN BANKER)'이라는 잡지는 대놓고 비슷한 방식이지만 비트코인보다 리플이 훨씬 낫다고 칭찬하였다. 미국 중앙은행 (Federal Reserve Bank of Boston)은 리플을 채택하면 업무처리속도가 빨라지고 효율성이 올라갈 것이라고 밝히는 등 칭찬 일색이다. 2014년 MIT는 자신이 발행하는 학술지(MIT TECHNOLOGY REVIEW)에서 가장 스마트한 50개 회사 중 하나로 리플을 선정하였다. 2016년 현재 리플은 가상통화시장의 거래규모에서 비트코인, 에테리움에 이어 세 번째를 차지하고 있다.

● 에테리움

에테리움(Ethereum)이란?

비트코인이 공개장부 방식을 통해서 지불 및 송금에 특화된 데 반해 에테리움은 그 대상을 모든 자산으로 확대하고 있다. 따지고 보면 화폐도 자산의 하나이다. 다만 지불수단, 가치저장, 회계단위에 특화되었다는 점이 틀릴 뿐 가치를 가진 자산이라는 점에서는 다른 자산과 다를 바 없다. 그러니까 에테리움은 모든 자산의 거래가 가능한 온라인 플랫폼이라고 정의하면 될 것이다.

통상 자산은 계약서를 작성하여 거래된다. 부동산뿐만 아니라 금융상품에 가입하더라도 은행이나 증권회사 지점에 가서 여러 장의 서류를 읽어보고 정보를 기재하고 서명을 해야 한다. 그리고 대개 이 과정에 중개기관이 개입한다. 중개기관은 수수료를 받고 거래에 대해 어느 정도 책임을 진다. 예를 들어 증권회사에 가서 펀드에 가입한다고 하자. 펀드는 자산운용회사에서 만들어 운용하며 고객은 이 자산운용회사를 잘 모른다. 말하자면 고객과 자산운용회사는 상호 간에 신뢰가 없는 사이이다. 여기에 증권회사가 들어가서 거래의 매개가 된다. 상품을 자세히 설명하고 계약에 관련된 사항을 처리하고, 계약이 성립하였다는 것을 인증하는 것이다. 이러한 과정이 중개기관 없이 자동화되고, 모든 과정이 온라인으로 처리될 수 있다면? 말할 것도 없이 편리해지고 거래도 크게 활발해질 것이다. 다른 모든 공개장부 방식과 마찬가지로 에테리움도 서로 간에 신뢰가 없는 두 사람 사이의 거래를 가능하게 만들어주는 플랫폼인 것이다.

에테리움도 공개장부를 사용하고 P2P 방식에 따라 네트워크에 소속된 컴퓨터의 자원을 조금씩 사용하는 방식으로 작동한다. 리플이 관리주체가 있는 데 반해 에테리움은 비트코인처럼 관리주체가 없다. 여기서도 비트코인과 유사한 에테르라는 가상통화를 만들고 에테르에 각종 정보를 얹어서 에테리움 플랫폼에서 거래하도록 한다. 비트코인의 블록체인이 거대해짐으로써 처리속도가 저하되는 단점을 개선하기 위하여 이를 여러 개로 쪼개되 서로 유기적으로 연결되도록 하였다. 이로써 처리가 신속해지고 스마트폰에서도 사용할 수 있도록 경량화되었다. 비트코인의 블록에 거래정보를 기록하는 데 10분 소요되던 것을 10초 수준으로 단축하는 데 성공하였다. 이렇게 함으로써 블록체인의 일부만 가지고도 앱을 통하여 에테리움시스템에 접근하는 것이 가능하게 되었다. 비트코인은 송금과 지불결제라는 단순한 기능에 특화되어 있기 때문에 사용되는 프로그램 언어도 스크립트라는 매우 단순한 것이다. 어떤 조건이 충족되면 보내진 비트코인을 사용할 수 있다는 식이다. 그러나 에테리움은 매우 복잡한 계약 내용을 담아야 하기 때문에 보다 완전한 프로그램 언어(튜링 완전 언어라고 부른다)를 사용한다.

에테리움의 역사

비탈릭 부테인(Vitalik Buterin)이라는 사람이 있다. 이름으로 보아 어느 나라 사람인지 짐작하기 어려운 이 사람은 러시아 출신으로 캐나다에 이민 온 20대 청년이다. 캐나다 워털루대학을 중퇴한 IT 신동으로 MS의 빌 게이츠, 페이스북의 저커버그, 그리고 애플의 스티브 잡스의 계보를 잇는다. IT 분야의 노벨상이라고 불리는 '세계기술상(World Technology Awards)'의 IT 소프트웨어 부문에서 마크 저커버그를 제치고 최종 수상자로 선정되어 유명세를 치르게 됐다. 그는 2014년 우리나라 일산 킨텍스에서 개최된 '인사이드 비트코인 컨퍼런스'에서도 참석한 바 있다. 그는 국내 신문사와의 인터뷰에서 "비트코인의 블록체인이 일종의 금융거래를 위한 거래장부 역할만 하고 있다면 에테리움 프로젝트는 블록체인을 하나의 프로그래밍 언어로 보고 다양한 응용프로그램을 개발하도록 하자는 아이디어에서 출발했다"라고 말했다.[1]

에테리움의 블록체인은 2015년 7월에 시작되었으며, 이와 관련된 소프트웨어는 스위스 회사인 '에테리움 스위스 주식회사(Ethereum Switzerland GmbH, Eth Suisse)'와 스위스의 비영리 기금인 '에테리움 기금(the Ethereum Foundation)'이 개발하였다. 2016년 5월 에테리움에서 발행된 에테르는 10억 달러(1.1조 원)에 달한다.

가상통화, 에테르

초기의 펀딩은 2014년 크라우드세일을 통해서 이루어졌으며, 당시 1천 8백만 달러(200억 원)에 해당하는 31,529비트코인을 받았다. 그리고 그 대가로 나중에 60,102,216비트코인을 투자자들에게 분배하였다. 투자자 입장에서는 대박이 터진 것이다. 단지, 비트코인 가격이 추락하면서 초기에 재정난을 겪기도 하였다. 에테리움의 토큰은 에테르라고 불리며, 다른 가상통화와 마찬가지로 거래소에서 거래된다. 에테르는

---

1. 2014년12월12일, ZDNet Korea

두 가지 목적으로 사용된다. 첫째는 에테리움 네트워크에서 계산서비스를 한 대가로 지불된다. 자신의 컴퓨터 자원을 분산 네트워크에 제공한 데 대한 보상인 셈이다. 둘째는 애플리케이션이 특정한 작업을 하려면 에테르를 지불하도록 함으로써, 악성 프로그램이 네트워크 자원을 삼키고 붕괴시키는 것을 방지하는 목적을 갖는다.

에테르는 작업증명 방식으로 채굴되는데, 향후에는 지분증명(PROOF OF STAKE) 방식으로 전환할 예정이다. 에테르(ETH라고 표기한다)는 또한 비트코인과 유사한 가상화폐로도 사용할 수 있다. 예를 들어 AUGUR라는 프로젝트는 크라우드펀딩 캠페인에서 에테르를 받아 45일 동안 5백만 달러를 모았다.

에테리움의 작동 방식

에테리움은 비트코인과 비슷한 방식으로 작동된다. 그러나 비트코인의 블록체인이 단지 거래기록의 리스트라고 하면 에테리움은 계좌를 사용하여 보다 복잡한 거래의 내용을 담는다. 에테리움의 블록체인은 계좌의 상태를 추적하여 계좌 간의 '가치와 정보'의 전송을 기록한다. 이를테면 계좌의 상태가 A에서 B로 변한 것을 파악하고, '아 이러이러한 거래가 일어났구나' 하고 판단하는 셈이다. 계좌에는 두 종류가 있는데 외부계좌(Externally Owned Accounts (EOAs))와 계약계좌라고 한다. 외부계좌는 메시지를 주고받기 위한 것으로 주인이 개인 키를 이용하여 관리한다. 어떤 거래에 관한 메시지가 외부계좌에 전달되면 계약계좌는 자동으로 소프트웨어 코드에 의해 작동된다. 계약계좌는 메시지를 읽고, 저장하고, 계약서를 만들고, 계약을 집행한다. 따라서 이 메시지에 따라서 얼마든지 복잡한 금융거래를 만들어낼 수 있다.

그러니까 계좌 간 메시지를 주고받는 층과 그 계좌에 내용을 담는 층으로 분리하는 방식인 셈이다. 전화로 치면 신호음을 알리는 층과 음성통화를 전달하는 층이 나누어져 있는 것과 유사하다고 할까? 메시지를 주고받는 층은 매우 일반적인 형태의 플랫폼으로 만들고, 그에 반해 내용을 담는 층은 매우 유연하고 신축성 있게 구현할 수 있도록 하여 프로그래밍을 쉽게 하려는 목적이다.

거래와 계약의 수행은 네트워크에 속한 컴퓨터의 소프트웨어에 의해서 자동으로 실행된다. 이것을 에테리움 가상기계(EVM, Ethereum Virtual Machine)라고 부른다. 최종 사용자는 자신의 컴퓨터나 스마트폰에 깔린 에테르 브라우저(Ether Browser)를 가지고 거래와 계약을 하게 된다.

에테리움의 작동 방식도 비트코인과 유사하게 작업증명 방식이다. 계산문제를 푼 컴퓨터는 그에 대한 보상으로 에테르를 받는다. 거래하는 사람은 수수료로 에테르를 지불한다. 그러나 작업증명 방식은 생각지 않았던 단점들이 나타나고 있다. 예를 들어 계산에 특화된 장비를 통한 채굴의 독점화, 그리고 이 독점화에 따라 특정인이 거래를 위조하는 등 네트워크의 보안이 위협받을 가능성이 나타나는 것이다. 또한 거래의 승인과 네트워크의 보안에 과도한 자원이 소모되어 효율성이 떨어지는 문제도 나타났다. 그래서 에테리움은 여러 가지 개선방안을 실험 중이다. 예를 들어 리플에서 사용되는 지분증명 방식을 작업증명 방식과 혼용하는 방식이다. 지분증명 방식은 작업증명 방식보다 자원을 덜 소모한다는 점에서는 효율적이나, 대신 보안은 조금 약하다. 따라서 양자의 장단점을 재보고 적당한 선에서 효율성과 보안성의 균형을 잡으려는 속셈이다.

또한 채굴용 특수기계를 통해 특정인이 다량을 채굴하는 것을 막기 위해 에테리움은 CPU뿐만 아니라 메모리까지 사용하도록 하고 있다. 이렇게 되면 CPU 성능을 높여 가장 효율적이라고 만들어놓은 채굴기계는 거꾸로 평범한 컴퓨터가 된다. 이런 방식으로 채굴의 독점을 막아 보안을 강화하고 있다.

비트코인에서 블록의 생성주기가 10분이라는 점도 단점이라고 지적되어 왔다. 예를 들어 내가 주유소에서 기름을 넣고 비트코인으로 계산을 하려고 하는데 10분을 기다려야 한다면 이런 지불수단을 이용해야 할 것인가? 지금도 순식간에 결제가 되는 신용카드가 있지 않은가? 더구나 10분이라는 시간 동안 위조를 시도하는 범죄자가 있을 수 있다. 이러한 문제점을 해결하기 위해서는 블록의 생성주기를 크게 줄여야 하는데 에테리움은 10초를 목표로 하고 있다. 그러나 현재의 기술로 이 것은 쉽지 않으며 아직 완벽하게 해결되고 있지 않다.

에테리움을 작동시키는 것은 에테리움 가상기계로 이것은 에테리움의 옐로페이퍼(YELLOW PAPER, 전화번호부 같은 설명서)에 정의된 프로토콜에 따라 작동된다. 그리고 계약의 내용은 솔리더티(Solidity)라는 프로그램 언어를 사용하여 작성하며, 이것이 기계가 이해할 수 있도록 이진 코드로 변환되어 가상기계를 통하여 수행된다.

에테리움계좌

계좌는 잔고를 가지며, 계약은 잔고와 계약의 내용으로 이루어진다. 모든 계좌의 상태는 에테리움 네트워크에서 모든 블록과 함께 업데이트 된다. 사용자는 계좌를 통해서 에테리움 블록체인과 상호작용하여, 계약을 체결하고 집행한다. 계좌는 외부 대리인(인간, 채굴하는 노드, 또는 자동화된 대리인)의 신분을 나타낸다. 계좌는 공개 키를 사용하여 거래에 서명하며, 그렇게 해서 가상기계는 거래를 보내는 사람의 신분을 확인할 수 있다.

모든 계좌는 개인 키와 공개 키의 한 쌍으로 정의된다. 계좌는 공개 키로부터 만들어진 주소로 인덱스화된다. 이러한 개인 키와 주소는 키파일(Keyfile)로 암호화되는데, 계좌에서 어떤 거래를 하기 위해 메시지를 보내거나, 에테르를 보낼 때는 비밀번호와 함께 키파일을 보내야 한다. 만약 키파일이나 비밀번호를 잃어버리면 그 계좌의 에테르는 모두 날아가 버릴 수 있다. 계좌는 보기 쉽게 그래픽 인터페이스로 만들 수도 있다. 이것을 공식 MIST 에테리움 지갑이라고 부른다. Mac OS X, 그리고 Windows 용의 앱이 모두 존재한다.

에테리움의 응용

에테리움은 모든 거래를 담겠다는 야망을 가지고 출발했다. 따라서 인간 사이의 모든 거래를 염두에 두고 있다. 그러나 역시 가장 중요한 거래대상은 금융이 될 것으로 생각되고 있다. 그러니까 증권, 보험, 파생상품, 에스크로, 그리고 보다 복잡한 금융계약이 대상이 될 것으로 보인다. 이러한 금융과 다른 상품이 결합된 하이브리드도 생각할 수 있다. 예를 들어 어떤 문제에 대한 솔루션을 만들어내면 자동적으로 보상을 지급한다거나, 포인트와 마일리지를 지급하는 시스템을 들 수 있다. 예를 들어 중고자동차 거래 시에는 자동차의 스펙, 이력, 소유자 등을 자세히 기록하여야 한다. 이러한 기록과 사는 사람과 파는 사람, 가격 및 기타 거래조건을 상세히 기록한 문서를 전자적으로 작성하여 에테리움 플랫폼에 올린다. 누구나 이것을 열람하고 자동차의 현 소유주가 누구인지, 누가 누구에게 얼마에 팔았는지를 금방 파악할 수 있다. 이는 옵션 등 파생금융상품에서도 적용될 수 있다.

실상 에테리움으로 담을 수 있는 영역은 무궁무진하다. 현재 진행 중인 프로젝트를 열거하자면 다음과 같다. Augur(예측시장 소프트웨어), 분산자치조직(DAO, Decentralized Autonomous Organization, 경영자 없이 자동으로 움직이는 기업 모델), Backfeed(사회경제적 플랫폼), Ethcore(사물인터넷을 개발하는 벤처), The Rudimental(예술과 미디어를 위한 크라우드펀딩 포털), Slock.It(에테리움으로 스마트 열쇠를 만드는 시스템), Etheropt(분산형 옵션거래) 등등 실로 기발하며 다양하다.

분산자치조직

분산자치조직은 어떤 조직이 경영자 없이 자동적으로 운영되는 것을 의미한다. 이것은 언뜻 생각할 때 납득이 되지 않는다. 회사는 물론이고 어떤 조직이건 사장, 부장, 직원 등 위계가 있고, 사장이 지시를 내리면 직원은 그것을 수행한다. 또한, 조직의 운영은 사장뿐만 아니라 각각의 업무를 담당하는 사람에 의해서 이루어진다. 그러나 그런 통상적인 구성으로 움직이지 않고, 컴퓨터 프로토콜에 의해서 업무 전체가 자동화되어 이루어질 수도 있다. 사실 단면적이기는 하지만 비트코인이 이미 그러한 시스템을 이루어놓았다고 볼 수 있다. 자동화는 인간의 육체노동을 대체하는 기계화로부터 시작하여 지금은 정신노동을 대체하는 방향으로 진보하고 있다. 알파고와 같은 인공지능이 그러한 가능성을 사람들에게 선명하게 인식시킨 바 있다. 장기는 몰라도 바둑은 어림도 없지? 그런데 바둑과 같이 인간의 종합적 판단력, 또 기세와 같은 주관적 요소가 중요한 게임에서도 인간은 허무하게 기계에 패하고 말았다. 따라서 자동화의 물결이 어디까지 도달할지 도무지 짐작할 수 없는 형국이 된 것이다. 설마 하고 안심하고 있던 회계사, 은행원, 변호사, 신문기자 등 다수의 전문직업 종사자들이 얼마 안 가 기계에 일자리를 뺏길 수도 있다는 공포감으로 불안에 떨고 있다. 한편에서는 직업을 잃은 사람에게 기본소득을 보장해야 한다는 정치적 논의까지 부추기고 있다.

분산자치조직은 에테리움 플랫폼을 이용하여 모금을 하고, 투표도 하게 한다. 2016년 5월 에테리움 플랫폼 'The DAO'에 크라우드펀딩을 통해 1억 5000만 달러가 조성돼 역대 최고의 금액을 기록하였다. 이것은 블록체인과 사물인터넷에 투자하는 일종의 벤처펀드인데 다만 경영진 등 사람이 존재하지 않고 온라인으로 자동적으로 움직인다. 슬록(Slock)이라는 회사의 창업자인 젠취(Christoph Jentzsch)가 만들었다. 이 펀드에 투자하려는 사람은 에테르를 입금하고 대신 DAO 토큰을 받는다. DAO 토큰이 주식인 셈이다. 전 세계에서 온라인으로 누구나 투자할 수 있으며, 투자자는 지분만큼 투자의 승인, 거부, 수익 배분에 대한 주주 권리를 행사할 수 있다. DAO는 10만 달러를 유치하고, 대신 전체 에테리움 토큰의 1/8에 해당하는 1,030만 DAO 토큰을 발행하였다. 펀드의 운용은 '큐레이터'라고 명명된 DAO 핵심 참가자들의 주도로 이루어질 예정이므로 완전한 자동화라고 볼 수는 없지만 투자의 의사결정에 주주들이 지속적으로 참여하고, 운영 자체가 자동화되므로 확실히 기존의 벤처캐피털과는 커다란 차이가 있다고 보인다. 자칫하면 주주-경영자-회사로 이루어진 기존 경영체제가 주주-회사로 단순화되고 경영자들은 짐을 싸야 될지도 모르겠다.

다만 곧바로 6월에는, 스마트 계약 프로그램이 해킹을 당해 투자액의 약 1/3이 유출될 위기라는 긴급 뉴스가 뜨기도 해서 아직 완성도가 떨어진다는 평가도 받고 있다. 누군가가 프로그램의 약점을 이용하여 상당한 에테르를 다른 계좌로 빼돌렸다. 물론 에테르를 바로 팔 수는 없기 때문에 실질적인 피해로 연결된 것은 아니지만, 이 때문에 에테르의 가치가 출렁거리기도 하였다.

스마트 재산권

자산의 소유권을 나타내는 방식은 어떤 것일까? 우리는 옷이나, 연필과 같은 일상적인 용품에 관해서 소유권을 별도로 주장하지는 않는다. 어차피 도난당할 위험도 작고, 잃어버려도 경제적 타격이 작다. 그러나 집, 자동차와 같은 물건에 대해서는 등기를 통하여 소유권을 표시한다. 굉장히 값이 비싸므로, 도난당하면 타격이 엄청나다. 혹여 집을 팔면 복잡한 매매계약서를 작성하고, 집을 산 사람은 관청에 등록을 하고, 부동산 등기부에 자신의 이름을 올린다. 이러한 과정에 대개 중개인이 끼어서 일종의 공증역할을 하고, 그들의 입회하에 매매 당사자는 각자

서명한 매매계약서를 한 벌씩 나누어 갖는다.

블록체인은 모든 종류의 자산에 대한 등록, 보관, 거래를 위한 형식으로 사용될 수 있다. 유형자산 및 무형자산 모두가 해당된다. 이것을 스마트 재산권이라고 부를 수 있다. 주택, 컴퓨터, 자동차, 골프채 등 모든 유형자산, 그리고 주식, 채권, 특허 등 모든 무형자산이 블록체인으로 소유권을 나타내고 거래할 수 있다. 이것은 비트코인과 같은 가상화폐의 거래와 하나도 다를 것이 없다. 모든 자산의 소유권을 블록체인에 기록하고 그 소유자에게 비밀 키를 송부한다. 그는 키를 가지고 자신의 소유권을 행사한다. 다른 사람들은 공개 키를 이용하여 등기부를 들여다보고 자산의 현 소유주와 상태, 이력을 확인할 수 있다.

예를 들어 어떤 사람이 자동차를 구매한다고 하자. 자동차회사는 블록체인으로 운영되는 웹사이트를 통해서 계약서를 작성하고 이것과 함께 비밀 키를 구매자에게 보내면 된다. 소유권이 이전되는 것뿐만 아니라 자동으로 자동차등록까지 가능하다. 정부는 그 기록을 실시간으로 모니터할 수 있으므로 차량에 대한 정밀한 과세가 가능하다. 또 예를 들어 아파트 월세가 3개월 밀리면 바로 집 키가 작동하지 않도록 계약서에 명기하고 그대로 실행할 수 있다.

스마트폰의 잠금도 블록체인에 암호화된 디지털 신분증을 확인함으로써 해제할 수 있다. 이용자가 요청하는 경우, 블록체인의 스마트 계약

메커니즘이 인증하고, 일회용 QR코드를 보냄으로써 호텔 룸에 들어갈 수도 있다. 스마트폰이 임시 룸 키가 되는 것이다. 물론 이러한 기술은 이미 실생활에서도 사용되고 있다. 예를 들어 호텔 키도 플라스틱으로 만들어 도어에 갖다 대면 문이 열린다. 그러나 블록체인 기술은 이를 매우 섬세하고 유연하게 처리할 수 있다. 예를 들어 숙박 기간과 체크인/체크아웃 시간에 맞추어 그동안에만 작동하도록 조절할 수 있다. 키를 한 장 또는 두 장만 주는 것이 아니라 투숙객 모두에게 스마트폰을 통하여 제공할 수 있다. 소유권의 이전도 코드에 따라 이루어진다. 따라서 중앙의 중개기관 없이 분산적으로 거래가 이루어질 수 있다. 자산에 대한 소유권이 자산 자체에 기록되는 것이다.

이에 따라 사기가 발생할 가능성이 줄고, 중개수수료도 없어지며, 거래는 크게 늘어난다. 왜냐하면 거래당사자가 서로를 알아야 할 필요가 없기 때문이다. 상대가 믿을 수 있는 사람인지 굳이 알 필요도 없다. 예를 들어 전혀 모르는 사람끼리도 자산을 담보로 돈을 빌릴 수 있다. 이렇게 되면 대출이 활발하게 일어나고 이자율은 더욱 낮아진다. 거래 시의 정확도를 높여주고 거래 집행을 자동화함으로써 당사자 간의 분쟁도 크게 줄어든다. 말하자면 자동화를 통해서 인간의 의사결정 능력을 향상시키는 것이다.

스마트 계약

에테리움 재단(Ethereum Foundation)은 스마트 계약을 '고장 정지 시간, 검열, 사기 또는 제 3자의 간섭 가능성이 없이 프로그램 한 대로 정확히 실행되는 애플리케이션' 이라고 설명하고 있다. 그러나 스마트 계약은 블록체인 기반으로 이루어지는 계약으로 단순한 사고파는 거래 이상을 의미한다. 코인을 사용하고 블록체인을 활용하여 사람들 간의 합의를 나타내는 방법이다. 통상 계약 당사자는 상대방이 그의 의무를 수행하리라는 것을 믿어야 한다. 그런데 스마트 계약도 무엇을 하고 무엇을 하지 말아야 한다는 합의를 나타내기는 하지만, 상대방을 믿어야 할 필요성을 제거한다. 스마트 계약에는 3가지 특징이 있다. 자치성, 자기충족성, 분산성이 그것이다. 자치성은 일단 계약이 체결되고 시작되면, 추가적인 계약에 있어서 초기의 계약당사자가 필요 없다는 것이다. 둘째, 스마트 계약에서는 자원을 통제하는 능력이 자족적이라는 것이다. 서비스를 제공하고 지분을 발행하여 펀드를 조성하고, 그 펀드를 필요한 자원에 사용하는 행위가 자족적이 된다. 셋째, 스마트 계약은 하나의 중앙서버에 의존하지 않는다는 것이다. 그것은 네트워크의 여러 노드에 의해서 분산적으로 처리된다.

전형적인 예가 자판기이다. 사람과 달리 자판기는 알고리즘에 따라 행동한다. 매번 동일한 지시를 수행한다. 돈을 넣고 선택을 하면, 특정 물건이 나온다. 그렇지만 기계가 계약을 준수한다고 느끼지 않는다. 비슷하게 스마트 계약도 미리 정한 코드를 수행하도록 되어 있다. 코드는 무엇이든 수행한다는 점에서 법이다.

스마트 계약의 예

전형적인 예를 하나 들어보자. 두 사람이 어떤 자산을 거래하기로 결정하면 그 자산은 계약서에 포함되고 그 거래를 위한 조건이 설정된다. '어떤 조건이 충족되면 거래가 성립한다' 이런 식으로. 그리고 그런 조건이 충족되면 거래가 네트워크에서 자동적으로 시작된다. 메시지가 상대편 계좌로 전달되고, 메시지가 도착하면 계좌에서 프로그램이 자동으로 수행된다. 자산이 한쪽으로 가고 대금은 반대쪽으로 간다. 물론 실물이 가는 것이 아니라 정보가 기재되는 것이다. 이 기록이 블록체인의 공개장부에 기재된다.

스마트 계약에 따른 법의 변화

이것은 법과 규제의 체계를 근본적으로 흔들 것이다. 코드로 작성된 계약을 기계적으로 수행하는 것과 유연하게 인간이 계약을 수행하는 것을 법으로 구분할 필요가 생길 것이다. 현재의 기준에 따르면 계약을 지켰는지 깨뜨렸는지를 판단하는 것은 인간이며, 그것은 양자가 서명한 계약이지, 블록체인과 같이 코드로 기록한 계약은 아니다. 그러나 에테리움과 같은 형태의 계약이 지배적이 된다면 현재의 계약법도 크게 수정되어야 하며, 사회 내에서 계약의 개념도 크게 바뀔 수밖에 없다.

사회계약 중 어떤 성격의 것이 자동적으로 코드를 수행하는 것인지,

코드 법을 만들 필요가 있을 것이다. 현재의 법으로 스마트 계약을 집행하는 것은 거의 불가능하기 때문에 법의 프레임워크는 계약수준까지 내려와야 할 것이다. 이것은 법의 프레임워크가 보다 정밀해지고, 개인화되는 것을 의미한다. 계약을 체결하는 당사자는 코드에 포함할 법적 프레임워크를 선택할 수 있다. 미리 녹음된 메시지와 같은 법적 프레임워크가 존재할 수 있다. 이에 따라 여러 종류의 돈이 있는 것처럼 여러 종류의 법적 프레임워크가 존재할 수 있다.

계약의 자동화

스마트 계약은 신뢰의 필요성을 최소화하는 방식으로 흔히 발생하는 문제를 처리하도록 한다. 신뢰 최소화는 인간의 판단을 제거하고, 그럼으로써 완전한 자동화를 달성하여 일을 편리하게 수행한다. 예를 들어 손자의 18세 생일에 유산을 증여한다는 스마트 계약을 블록체인에 남겨놓을 수 있다. 즉, 어떤 사건이 벌어지기 전이나, 어떤 시간에 도달하기 전에는 발동이 걸리지 않도록 설계되어 블록체인에 계약을 설정할 수 있다. 프로그램은 계약이 시작되는 날짜를 정하도록 하여 첫 번째 조건을 설정한다. 온라인 사망자 명부나 신문의 부고란을 검색하여 조부모가 사망했는지를 확인하도록 두 번째 조건을 설정할 수 있다. 스마트 계약이 조부모의 죽음을 확인하면, 자동적으로 펀드의 돈을 송금한다. SF영화의 한 장면 같은 내용이다.

다른 케이스는 베팅에 대해서 자동적으로 지불하는 것이다. 어떤 상품의 가격이 얼마가 되면 또는 현실에서 어떤 일이 언제 일어나면 일정 금액을 지불하도록 계약서를 쓸 수 있다. 예를 들어 킥스타터와 같은 크라우드펀드 사이트에 어떤 사업 아이디어와 목표 펀드 조성금액을 제시한다. 그러면 거기에 호응하는 투자자가 투자를 약속하고, 펀드 조성목표가 달성되면 그때부터 비트코인이 투자자의 지갑에서 펀드로 흘러들어간다. 또 사업자의 예산, 지출액, 지출속도 등은 블록체인에서 이루어지는 후속 거래를 통해서 파악할 수 있다.

금융기관에의 응용

금융에서 에테리움은 자본시장의 효율성을 증진시킬 수 있다. 자본시장은 여전히 두 사람 간의 거래를 성립시키기 위해서 종이 기록을 사용한다. 중앙기관이 거래를 성립시키고, 상대방이 합의했는지를 확인하는 역량은 매우 중요하다. 그것은 신뢰가 필요하기 때문이다. 과징금과 은행 업무에 따르는 고정비용은 신뢰를 지키기 위해서 생겨난 것이다. 본질적으로 한 은행은 다른 은행의 프로세스에 의존해야 하는데, 상대 은행이 어떻게 하고 있는지를 확인할 방법이 없다. 블록체인 기술은 가상화폐를 이용한 정산을 통해서 거래 과정을 보여주고, 규제기관도 실시간으로 그것을 들여다볼 수 있다. 현재처럼 규제기관이 데이터를 감독하는 것은 비용이 많이 들고 거래가 일어난 뒤에야 가능하다. 대형은행들은 이 기술을 이용하여 협업함으로써 효율성을 높일 수 있는 방식을 찾아내고 있다.

또한 금융거래에 있어서 사기를 방지하고, 효율성을 높일 수도 있다. 금융 거래는 수천 년간 똑같은 방식으로 이루어져 왔다. 한 품목을 사고파는데 관여하는 사람들은 적지 않다. 예를 들어 구매자, 구매자의 은행, 운송회사, 운반원, 판매자, 판매자 은행 등이 있다. 이 때문에 거래금융을 표준화하고 중앙기관을 만들려고 시도해왔다. 이러한 측면에서 공유장부가 우월성이 있다. 이 시스템에서는 어떤 제품이 컨테이너에 있고, 얼마나 있고, 어떤 색깔이고 하는 계약 내용에 대해 확실하게 입증할 수 있다. 거래 참가자들은 이 계약 내용을 디지털로 서명할 수 있다. 오늘날 하는 것처럼 단순히 서류를 보관하는 것이 아니라 서류가 현재 유효한지도 파악할 수 있다. 다만 인쇄하고 서명하는 것이 아니라 분산장부를 통해서 관계자들에게 배포된다. 이것 때문에 확장성이 크게 높아지고, 계약서의 복제가 아주 쉬워진다.

에테리움을 이용한 애플리케이션 개발현황

현재 에테리움은 초기 단계이며 아직 완성도가 낮다. 그 원대한 목표와 현재의 기술 수준 사이에는 거리가 있다. 그러나 다양한 분야에서 에테리움을 활용하여 실무에 적용하려는 움직임이 활발하다. 예를 들어 세계적인 컨설팅회사인 딜로이트(Deloitte)는 에테리움 개발회사인 콘센시스(ConsenSys)와 2016년 프로젝트 콘센시스(Project

ConsenSys)라는 이름의 디지털뱅크를 만들 계획이라고 밝혔다. 글로벌 은행과 뉴욕기반의 블록체인회사인 R3는 R3 Project를 통해 11개의 은행을 연결하는 사설 분산형 장부를 만들고 있다. 이 시스템은 마이크로소프트(MICROSOFT)의 클라우드 서비스인 애저(AZURE)로 작동한다고 한다. 애저에서 작동하는 클라우드 서비스(Ethereum Blockchain as a Service, EBaaS)는 기업고객과 개발자에게 클라우드 기반 블록체인 개발환경을 제공한다. 마이크로소프트도 콘센시스와 제휴하여 에테리움 기술을 개발하고 있다. 애저 고객들이 클라우드 기반 블록체인 애플리케이션을 이용하여 증권거래, 국제송금을 할 수 있도록 하는 것이 목표이다.

● 블록체인

블록체인 기술의 혁신성

사실 요즘의 금융권 흐름을 보면 비트코인보다는 그것을 움직이는 핵심기술인 블록체인에 대한 관심이 더 높다. 그것이 가지는 유용성, 그리고 금융으로의 적용 가능성을 발견했기 때문이다. 블록체인은 관리주체 없이 금융거래를 가능하게 한다는 새로운 돌파구를 열어주었다. 그럼으로써 더 낮은 비용으로, 더 신속하게, 더 안전하게 금융을 처리할 수 있게 된다는 것이다. IT는 드디어 금융업무의 패러다임 자체를 바꿀 수 있는 정도로 발전하고 있다.

이것은 기존의 금융기관이 업무를 어떻게 처리하는가와 비교해 보면 알 수 있다. 현재 모든 거래정보는 해당 은행의 서버를 거쳐 가며, 거래 정보는 여기에 축적된다. 따라서 이러한 정보에 대한 해킹시도를 막기 위해 서버는 철저한 보안이 절대적이다. 그리고 다른 금융기관과의 정 산이라는 절차가 필요하다. 예를 들어 A 은행의 고객이 발행한 수표를 B 은행의 고객이 받아 입금하기도 하고, 반대의 거래도 이루어진다. 은행은 정기적으로 이 거래들을 모아서 차액만을 계산하여 결제한다 (정산이라고 한다). 오늘날은 많은 부분이 전산으로 이루어지기는 하지 만 아무래도 시간이 걸리며 이 과정에서 사람의 손을 타기 때문에 적 지 않은 비용이 발생한다. 모든 거래는 은행의 장부에 기재되고 은행이

〈그림〉 블록체인

모든 책임을 진다. 그에 비해 블록체인의 거래장부는 공개되어 P2P 네트워크에 속한 모든 컴퓨터에 저장된다. 필요하면 누구나 거래장부를 꺼내 볼 수 있다. P2P로 영화를 보는 방식으로 여러 컴퓨터에 저장되어 있는 공개장부의 부분들을 순식간에 맞추어 하나의 장부로 만들어 볼 수 있는 것이다. 누군가 조작하면 모든 컴퓨터가 이를 즉시 알아챈다. 이러한 세상에서는 은행 강도가 있을 수 없다. 장부가 수많은 컴퓨터에 분산 저장되어 있으며 모두 공개되어 있기 때문이다.

이러한 방식은 가상화폐와 같은 단순한 대상뿐만 아니라 모든 자산의 거래, 복잡한 계약의 체결도 가능하게 한다. 자산을 기록하고, 자산의 거래를 추적하고 감시하는 모든 경제적 활동이 가능한 것이다. 그것도 전 세계적인 차원에서.

블록체인의 종류

블록체인은 그 개방성에 따라 공적, 사적, 혼합형으로 분류할 수 있다. 공적 블록체인은 말 그대로 인터넷을 통하여 누구에게나 오픈된 것이다. 비트코인이 대표적이다. 비트코인의 채굴과 거래는 실시간으로 공개장부에 기록된다. 그리고 10분간의 기록을 하나의 블록에 담고, 그것을 이전의 블록에 연결시켜 하나의 체인을 만든다. 공개된 장부의 한 페이지가 장부에 추가되는 것이다. 누구나 실시간으로 열람할 수 있으므로 감히 위조를 시도하기 어렵다. 다만 아직까지 해킹을 확실히 방어

하지 못하고 있으며, 트래픽이 몰리면 거래속도가 현저하게 느려진다는 문제점이 있다.

사적 블록체인은 중앙에 관리주체가 존재하는 것이다. 기업으로 치면 내부전산망을 이 기술로 운용할 수 있다. 따라서 안정성이 높아진다. 비트코인의 공개성을 제거하고, 블록체인 기술만 가져와서 사용하는 것이다. 이렇게 되면 비트코인처럼 51%가 작당하여 위조를 시도하는 일도 있을 수 없고, 거래를 승인하느라 그 많은 컴퓨터들이 동원될 필요가 없다. 소수의 컴퓨터 노드가 거래를 승인하며 만약 네트워크에 문제가 생기면 신속하고 책임감 있게 해결할 수 있다. 누가 거래하는지 즉시 확인할 수 있으며, 거래의 승인도 신속하게 이루어진다. 거래가 외부에 공개되는 것도 아니니, 프라이버시도 잘 지켜진다. 현재 금융기관에서 실험적으로 운용하고 있는 것이 바로 이 사적 블록체인이다.

사적 블록체인의 일종으로 여러 기관이 모여 폐쇄적인 블록체인망을 만들 수도 있다. 이것은 일종의 혼합형이라고 부를 수도 있다. 이 경우 거래의 승인은 소수의 합의된 컴퓨터 노드에 의해서 이루어진다. 현재 R3를 중심으로 결성된 R3CEV와 같은 프로젝트가 그러한 형태가 될 것이다.

블록체인의 장점

기업의 입장에서도 비트코인과 같은 비허가 모델보다는 허가되는 블록체인이 더 좋을 것이다. 특정한 사람만 거래를 확인할 수 있기 때문이다. 이렇게 되면 보안이 유지되고, 상호 간 신뢰하는 기업과 개인의 사설 네트워크가 만들어질 수 있다. 어떻게 분산화할 것인가, 즉 어느 정도까지 비허가로 할 것인가에 따라 기술을 범주로 나눌 수 있다.

공개장부기술은 비용, 복사, 연동과 같은 사업상의 문제를 해결할 수 있다. 은행에 있어서 각 은행은 시스템을 사용하여 자산 거래의 라이프사이클을 추적하고 관리한다. 각 시스템을 설치하고 유지하는데 돈이 든다. 시스템을 상호 간 연결해야 하고, 동기화시켜야 하는데, 이것은 연동이라고 하는 프로세스를 거쳐서 이루어진다. 은행 직원들은 여러 팀으로 나뉘어서 다른 은행의 상대방과 점검하여 모든 것이 일치하는지, 만약 일치하지 않으면 어떻게 대응해야 하는지를 놓고 씨름한다.

이를 해결하는 흔한 방법은 하나의 중앙집중적 장부를 모든 관계자가 공유하는 것이다. 은행은 이러한 방법을 사용해서 성공하였으나, 이러한 집중처리 방식은 비싸고, 데이터와 처리 과정이 집중화할수록 각 참여자의 시스템과 통합되어야 한다. 각자 다른 시스템을 사용하고 있다면 머리에 쥐가 날 과정이다. 정보는 사설 네트워크를 공유하는 분산된 데이터베이스에 지속적으로 업데이트되어야 한다.

이에 반해 비트코인은 인터넷을 통하여 분산된 네트워크상의 수많은 컴퓨터가 동기화되고 있다. 내 컴퓨터가 10코인을 갚아야 한다고 생각하면, 네트워크상의 모든 컴퓨터가 똑같이 생각한다. 은행 업무에서도 똑같은 기술을 사용할 수 있다면 수많은 사람들이 시스템을 연동시키고 문제를 해결하느라 모일 필요 없이 각 은행의 시스템이 나란히 보조를 맞출 수 있다. 결정적으로 중요한 것은 이렇게 하기 위해서 비트코인이 필요한 것이 아니라는 것이다. 해결책을 주는 것은 그 밑에 깔린 분산장부기술이다. 이것은 금융서비스에 있어서 가장 큰 문제 하나를 해결할 수 있는데 바로 종이를 사용하는 비용이다. 최근에 전산화를 통해 종이 사용을 없애려는 운동이 많이 있었지만, 단지 종이 사용을 다른 단계로 옮겨버리는 방식으로 돼버려서 성공하지 못했다. 예를 들어 수출상에게 자금을 조달하는 무역금융은 수작업에 크게 의존한다. 수입상의 은행은 신용장을 발급하고 이에 기반하여 수출상의 은행이 자금을 선지급한다. 이 과정은 통상 전자적으로 처리하지만 후속적인 확인과정에서 전 세계에 걸쳐 종이서류를 수작업으로 확인해야 한다. 이에 반해 분산장부는 종이를 이용한 은행 업무를 훨씬 빠른, 종이 없는 업무 방식으로 처리할 수 있게 한다.

의료(환자기록), 정부(부동산등기와 연금지급), 전자(사물인터넷), 예술과 보석(다이아몬드의 원산지증명) 등에도 사용할 수 있다. 이러한 기술은 초기개발단계이며, 프라이버시, 성능, 확장성 등이 해결되어야 한다. 그러나 이 기술은 빠르게 개선되고 있으며, 많은 문제가 해결되고 있다. 최소한 무엇이 해결될 수 있는지, 무엇이 해결될 수 없는지 구분이 가능해지고 있다. 따라서 멀지 않은 시간에 현실 생활에 적용 가능한 애플리케이션들이 모습을 나타내게 될 것이다.

블록체인 기술의 응용

블록체인 기술의 응용은 무궁무진하다. 이미 에테리움의 경우에서 일부 소개하였지만, 현재 거론되고 있는 블록체인 기반 서비스만 해도 표와 같다.

〈블록체인의 사용 예〉

일반	에스크로(제3자담보결제), 위탁계약, 제3자중개, 다자간 서명거래
금융	주식, 크라우드펀딩, 채권, 뮤추얼펀드, 파생상품, 연금
공공기록	토지 및 재산등기, 자동차등록, 사업자면허, 결혼허가, 사망증명
증명	운전면허, 신분증, 여권, 유권자등록
사적 기록	차용증, 대출, 계약, 판돈, 서명, 유언, 신탁, 에스크로
공증	보험증명, 소유권, 공증서류
열쇠	집, 호텔, 렌터카, 자동차 키
무형자산	특허, 상표, 저작권, 예약, 도메인주소

출처: Table 2-1. Blockchain applications beyond currency (adapted from the Ledra Capital Mega Master Blockchain List; see Appendix B)

금융기관의 블록체인 도입: 여러 가지 문제점

블록체인을 이용한 금융플랫폼과 서비스의 개발은 현재 초기 단계이다. 그러므로 아직까지 그 구체적인 모습을 논하기는 이르다. 그러나 분명 현재의 금융산업을 뿌리째 흔들 수 있는 파괴적인 혁신임에는 분명하다. 따라서 그 기술을 선점하고 표준을 리드함으로써 업계를 지배하려는 움직임이 IT회사와 글로벌 은행들 사이에서 치열하다. 그들은 Linux Hyperledger의 후원자이자, R3의 멤버로 그 표준을 주도하기 위해서 적극적으로 나서고 있다. 정부는 결코 허가 없는 공개장부(unpermissioned distributed ledger)를 방치하지 않을 것이다. 그러므로 은행과 IT업계와의 싸움에서 은행이 크게 유리한 위치를 점하고 있다.

블록체인에 대해서 금융권이 관심을 가지는 이유는 현재의 자본시장 기반구조가 비효율적이라는 것 때문이다. 특히 각종 금융자산 (기업대출, CDS, 채권담보대출, 파생상품, 주식 등)의 거래 후 정산과정에서 효율성을 높일 수 있다는 것이 블록체인의 가장 큰 매력이다. 증권의 거래가 있었던 다음에 투자자들 사이에서 증권과 현금을 옮기는 것은 보통 복잡한 문제가 아니다. 금융기관마다 사용하는 전산시스템이 다르다 보니 연동성을 유지하기 위해서 들어가는 비용도 엄청나다. 이 비용이 전 세계적으로 연간 650억 달러(74조 원)에 이른다고 한다. 그런데 블록체인 기술은 각 금융기관의 컴퓨터가 노드로 작동하면서 자동적으로 끊임없이 이 문제를 해결해줄 수 있다.

국가 간 송금에서도 지금같이 중간의 중개기관이 여러 나라의 금융기관 간의 거래를 정산하는 복잡한 절차를 생략할 수 있다. 블록체인은 송금비용을 크게 절감해줄 것이며, 이는 수익저하로 고민하고 있는 금융기관에 오랜 가뭄 끝에 떨어지는 단비처럼 반가운 소식이 될 것이다.

분산장부기술은 증권의 거래를 면밀하게 추적할 수 있게 한다. 현재는 그러한 과정에서 지체가 발생하고 비용이 발생한다. 예를 들어 기업대출의 경우 정산과정이 매우 오래 걸리며 2~3주씩 걸리는 경우도 드물지 않다. 이 지체로 인해 그 시간 동안의 시장변동 위험을 고스란히 감수해야 하며, 그동안은 자금이 묶여 있으니 유동성도 현저히 떨어진다. 그러나 블록체인을 통해서라면 이 거래와 관련되는 사람들은 거래의 현황을 실시간으로 그리고 아주 투명하게 들여다볼 수 있다.

이렇게 장점이 많은 블록체인 기술이 비트코인과 같은 거래공중망의 형태로 금융산업에 들어오는 것을 정부가 반길 리가 없다. 금융산업이 얼마나 중요한 산업인가? 경제의 혈관과도 같은 것이다. 그래서 정부는 온갖 규제와 법령으로 이 산업을 통제하려고 한다. 반대로 은행은 이러한 규제와 법령의 장벽을 통해서 외부의 진입자를 저지하려고 한다. 따라서 구글과 같은 기업이 핀테크 시장에 나와 산업 전체를 뿌리째 흔들 가능성은 없는 것이다. 오히려 기존 금융기관의 컨소시엄을 통해서 공동의 규칙을 세우는 방식으로 진행되고 이러한 과정이 정부규제기관과의 긴밀한 협조 아래서 이루어질 가능성이 높다. 성공사례가 충분히 쌓이고 기술적 제도적 기반이 갖추어지면 글로벌 은행과 정부에 의해서 질서 있게 전환할 가능성이 높다. 현재는 싱가포르와 호주와 같이 비교적 시장이 작고, 전산이 잘 갖추어진 국가에서 활발하게 추진되는 편이며, 구미의 은행들은 그러한 과정을 주의 깊게 지켜보고 있다.

벤처캐피털사라면 컨소시엄을 구성해야 하는 프로젝트를 좋아할 리 만무하다. 새로운 아이템으로 시장의 돌풍을 일으키고, 그 수익을 독점하는 것이 이들의 방식이기 때문이다. 그러나 은행이라면 비용을 분담함으로써 위험을 낮추고 이윤을 높이는 파트너들이 있는 편이 좋다. 더구나 전산 등 기술에 대한 투자가 수익으로 돌아오는 데는 최소 3년은 소요된다. 따라서 이윤압박을 받고 있는 은행이 아직 검증되지도 않은 기술에 과감한 투자를 한다는 것은 쉽지 않다. IT부서는 이 기술에 대대적으로 투자하자고 경영진을 설득하기 어려우며, 따라서 점진적으로 또한 타 은행과 협력을 통하여 블록체인을 도입할 수밖에 없다. 이렇게 함으로써 비용과 연동성의 문제를 해결할 수 있다.

은행이 일거에 블록체인으로 전환하기 어려운 이유가 또 한 가지 있다. 현재는 초기 단계이므로 당분간 블록체인 솔루션도 범용제품밖에 존재하지 않을 것이다. 그러나 당연하게도 은행마다 경영환경이 다르므로 시스템에 요구하는 조건도 각양각색일 수밖에 없다. 따라서 은행은 일반적인 범용제품을 구입해 자신의 환경에 맞게 맞춤형으로 개조하는 방식으로 사용하게 될 것이다. 그러나 이렇게 되면 은행의 인프라와 완전하게 통합하기 어렵고 때로는 상당한 규모의 새로운 투자가 필요할 수도 있다. 그 정도의 비용을 쓸 만한 가치가 있는가? 바로 이것이 은행의 고민이다. 현재 은행들은 글로벌 금융위기 이후 수익저하에 시달리고 있으며, 따라서 IT 예산도 기존 시스템을 업그레이드하는 데 집중하고 있는 실정이다. 대부분의 은행에서는 얘기 자체를 꺼내기 어려운 분위기가 형성되어 있다.

따라서 은행권에서는 블록체인으로 통째로 IT시스템을 바꾸기보다는 기존 기술에 플러그인하는 방식으로 추진할 가능성이 높다. 특히 현재의 중앙집중적 방식과 병행하면서 진행될 가능성이 높다. 예를 들어 새로운 거래가 블록체인에 분산저장 되지만, 그 데이터의 황금복사본(GOLDEN COPY)은 중앙보관부서에 저장되는 식이다. 이렇게 하면 비용을 줄이면서 점진적인 이행이 가능하다. 그러나 그렇다고 하더라도 은행의 전산망은 상호 간 연동이 필요한 시스템이다. 따라서 상호 간 협의가 필수적이고, 가급적 인프라 구축비용도 분담하려고 할 것이다. 이렇게 되면 은행 간의 입장이 다르므로 협상은 어렵고 시간은 하릴없이 흘러갈 가능성이 높다. 그래서 그 대안으로 제3자가 주요 은행의 요구사항에 맞추어 산업표준을 만드는 방안을 생각할 수 있다. 이것이 바로 현재 R3CEV가 실제로 수행하는 방식이다.

블록체인에서 대부분의 기술 개발은 벤처캐피털과 스타트업 중심으로 이루어지고 있지만, 대형 은행에서 이 기술에 가장 관심을 가지고 있는 부서는 보안부서이다. 그러나 지금처럼 은행들이 각각 독립적으로 기술을 개발하게 되면 서로 연동도 안 되고 은행시스템 전체적으로 운영하기가 어려운 미로로 끝날 가능성이 높다. 문제가 생기면 도대체 어디에 원인이 있는지 찾아내고, 누가 문제를 해결해야 하는지 법석을 떨어야 하는 상황이 자주 발생할지도 모른다. 따라서 은행끼리 협조하든가, 아니면 국가가 나서서 그렇게 하도록 명령하는 수밖에 없다.

어쨌건 블록체인은 아직 시스템을 전체적으로 도입하기에는 미완성인 기술이다. 예를 들어 확장성의 문제만 해도 그렇다. 현재는 잘 돌아가더라도 규모가 커지면 괜찮을까? 저장이나 처리용량의 한계에 부닥쳐 거래가 전면 중단되는 사태는 발생하지 않을까? 현재는 보안의 문제가 잘 해결되고 있다고 하지만, 시스템이 광범위하게 사용되면 작은 문제가 발생해도 시스템 전체가 휘청거린다. 또한 거래속도도 자주 지적되는 결함이다. 물론 여러 가지 시도가 있고, 결국은 기술적으로 해결될 가능성이 높다. 그러나 현재의 빠른 거래 속도를 따라잡는 데는 시간이 걸릴 것이다.

기술보다는 의사결정과정(PROCESS)과 지배구조(GOVERNANCE)가 문제가 될 수 있다. 누가 블록체인을 관리하는가? 누가 허가된 시스템 내의 블록체인에 새로운 멤버를 받아들일 것인가 말 것인가를 결정하는가? 누가 거래를 승인할지, 누가 거래를 감독할지를 어떻게 정할 것인가? 그런데 비트코인 등 현재 블록체인을 이용하는 방식에서는 이 문제가 분명하지 않다. 그러나 이 문제가 해결되지 않으면 누구도 섣불리 자신의 사업영역에 이 기술을 도입하려고 하지 않을 것이다. 상당한 시행착오와 밀고 당기기가 불가피하다는 것을 알 수 있다. 더구나 현재 블록체인이 비용을 줄이고 효율성을 높일 수 있다는 점이 금융기관의 구미를 끌고 있지만, 중심기관 없이 당사자 간 직접 거래를 처리하는 능력은 금융기관 자체의 필요성을 줄이고, 새로운 경쟁자의 출현을 가능하게 할지 모른다. 양날의 칼인 것이다. 금융기관이 신중을 기할 수밖에 없는 대목이다.

또한 시스템을 공유한다는 특징은 책임소재의 문제를 불러일으킨다. 만약 은행 간 공유 시스템을 통해서 분산적으로 업무를 처리할 때, 무언가 잘못이 발생하면 누가 책임을 질 것인가? 현재의 중앙집중적인 시스템에서는 책임의 소재가 비교적 분명하다. 그러나 공유 시스템의 경우에는 은행들이 집단적인 책임을 지게 될 것이다. 그렇다면 은행들은 이러한 상황이 자신들에게 유리하다고 판단할 것인가? 집단적인 책임은 결국 개별은행이 책임을 나누어 갖는 방식으로 귀결된다. 책임, 또는 비용의 분담을 어떤 기준을 가지고 할 것인가? 이 문제는 정부와 은행에 의해서 사전에 해결되어야 하며, 그러한 전제하에서만이 정부는 블록체인의 도입을 허용할 것이다. 추가적인 연구, 은행 간의 협상, 정부의 제도 도입이 필요하다. 아직 갈 길이 멀다는 얘기이다.

정부 입장에서 자금의 흐름을 통제하기 위해서 은행에게 고객확인(KYC: Know Your Customers)과 자금세탁방지(AML: Anti Money Laundering) 의무를 부과하고 있다. 따라서 금융서비스를 이용하는 사람의 신분을 확인해야 한다. 이를 위해서는 디지털 신분증이 필요하며 누가 그것을 인증하는가가 중요한 문제가 된다. 이 때문에 블록체인에서도 허가를 통해서만 참여할 수 있는 사설망이 필요해진다. 사전에 정보를 등록하고 신분을 확인하지 않으면 아예 네트워크를 이용할 수 없다. 이것은 이미 현재 은행에서 하고 있는 방식이다. 이를 주도하는 것은 소수의 글로벌 은행일 수밖에 없다. 국내가 아니라 국제간의 거래에서 발생하는 문제에 대해서는 정부 간 논의가 필요하다. 그런데 아직 이 문제는 국제 회의실의 테이블 위에 올라가 본 적이 없다. 물론 유럽연합과 같은 경우에는 내부적으로 검토하고 비공식적으로 논의하는 것으로 알려지고 있다.

보안에 대한 공격을 막는 것도 중요하다. 블록체인 기술은 상당히 보안에 강한 것으로 알려져 있지만 국가 전체적 시스템으로 사용된 적은 없다. 아직 제대로 테스트 받은 적이 없다는 의미이다. 금융시장 전체가 해킹당하는 사태가 일어나지 않을 것인가? 이렇게 공개된 시스템에 대해서 테러나 해킹이 이루어지면 안전하게 방어할 수 있을 것인가? 특히, 공개장부기술을 사용하면서도 중앙은행이 자신의 통화를 통제하면서 외부의 체계적 공격으로부터 시스템을 지킬 수 있는 능력을 유지할 수 있어야 한다. 따라서 중앙은행이, 즉 국가가 개입할 수밖에 없다.

확산에 대한 전망

결론적으로 이 기술에 대해 은행은 아직 확신하지 못하고 있으며, 매우 신중한 태도를 보이고 있다. 산업 전체적으로, 전면적으로 채택되는 데는 어쩌면 10년까지 걸릴지도 모른다. 현재로서는 비교적 비용이 적게 드는 인증 등 보안 분야부터 시작해서 비용·절감 효과가 큰 대출, CDS, 증권에 대한 거래 후 과정(post trade process)에 대한 투자가 집중될 것으로 보인다. 그다음에 지불결제 및 송금 등으로 확산될 것으로 전망하고 있다. 이쯤 되어야 일반인이 피부로 느끼게 될 것이다. 그러나 그 길로 가는 과정은 끊임없이 진행된다.

새로운 규제의 필요성

일반적으로 규제는 두 가지 측면이 있다. 법적 규제와 기술적 규제(소프트웨어와 프로토콜)가 그것이다. 법적 규제는 공중의 이익을 대표하는 외부의 규제기관(국가 등)의 규칙이며, 기술적 규제는 지배구조, 그러니까 자신의 이익을 지키기 위해 시스템의 참여자가 만드는 규칙이라고 말할 수 있다.

법적 코드는 외재적이다. 규칙이 깨질 수도 있으나 처벌함으로써 규칙을 지키도록 강요한다. 만약 잘못이 있다면 그대로 진행시키고 나중에 벌금을 물리는 등 유연한 대처가 가능하다. 이에 반해 기술적 코드는 내재적이다. 규칙을 준수하지 않으면 에러가 발생하고 어떤 활동도 이루어지지 않는다. 예를 들어 천 원짜리 콜라를 자판기에서 뽑으려고 하는데, 오백 원짜리 동전을 넣는다면 아무리 기다려도 콜라 먹기는 틀린 일이다. 그러니까 소프트웨어의 특징은 규칙의 준수로 인해 예기치 못한, 바람직하지 못한 결과를 낳더라도 기계는 엄격하게 규칙을 따른다는 것이다. 이로 인해 현재의 금융시스템과 비교해 공개장부시스템은 크게 다른 결과를 낳을 수 있다.

현재의 금융시스템은 법적 코드를 통해서 통제한다. 현대의 금융시스템은 이미 상당 부분 디지털화되어 있고 많은 부분 기술적 코드로 작동하고 있기는 하다. 그러나 기술적 코드는 은행이 법적 의무를 수행하는 것을 지원하고, 그 디지털 기록을 만드는 것이다. 기본은 법에 의해 통제한다. 정부는 법적 코드를 통해서 은행을 통제하고, 기술적 코드에 의해 기록된 데이터를 제출하도록 의무화하며, 이것을 가지고 은행이 법을 준수했는지 판단한다.

그러나 비트코인과 같은 공개장부시스템은 법적 코드 없이 잘 작동할 수 있음을 보여주고 있다. 대신, 각 참여자가 따라야 하는 규칙을 정하고, 기술적 코드를 통해서 집행한다. 어떤 거래가 허용되는지는 이미 소프트웨어로 결정되어 있는데, 사람들은 이 소프트웨어를 사용해야만 네트워크에 참여할 수 있다. 예를 들어 비트코인 소프트웨어는 비밀 키를 갖고 있다고 입증할 수 있는 경우에만 코인을 사용할 수 있게 허용한다. 비트코인 소프트웨어는 어떤 방식으로 새 돈을 발행할 것인지, 돈의 총 규모를 얼마로 할지를 결정한다. 법문서가 따로 있는 것은 아니며 단지 기술적 코드에 따라 거래가 이루어지고 그것이 공개장부에 기록된다. 규칙을 위반하는 거래는 자동으로 차단되고, 규칙을 따랐는지는 시스템이 자동으로 판단한다. 물론 이러한 메커니즘은 사람들이 그렇게 움직이도록 경제적 유인을 설계함으로써 작동하는 것이기는 하다.

허가가 필요한 분산장부시스템에서는 시스템의 주인이 있으므로, 그가 누가 거래를 확인할 것인지를 지정하고, 법적 계약과 같은 전통적인 방식을 강요할 수 있다. 이 방식의 장점은 집행비용이 싸다는 것이다. 주인은 규칙을 정하고 이를 기술적 코드로 만들어 소프트웨어에 반영한다. 거래를 하기 위해서 그 소프트웨어 패키지를 이용하도록 하면, 거래 참여자는 규칙을 준수하지 않을 재간이 없다. 또한 비트코인과 같은 비허가 방식에서처럼 상당한 정도의 계산용량을 사용하지 않아도 된다. 비트코인에서는 그 비용을 채굴자와 이용자가 공유하는 형태이지만, 허가 시스템에서는 그 비용을 이용자가 부담하게 된다.

현재의 금융시스템은 민간과 공공이 규칙을 정한다. 법적 코드에 대해서 말하자면 크게 민간의 규칙 정하기(지배구조: governance)와 공공의 규칙 정하기(법적 규제: regulation)로 분류할 수 있다. 민간의 규칙 정하기는 비자카드의 규칙(Visa Core Rule)을 예로 들 수 있다. 이것은 금융 서비스 회사인 비자가 만든 규칙으로서 비자시스템에 참여하려면 누구나 따라야 한다. 이 방식은 비자와 같은 민간 금융기관뿐만 아니라 상호이익을 위해 행동을 조율하기 위한 목적으로 금융기관협회에 의해서 만들어지기도 한다. 그에 반해 공공의 규칙은 정부의 은행감독법과 같은 것이다. 현재 금융시스템의 공공 규칙을 결정하는 것은 정부의 영역이다. 그런데 정책결정자는 규제가 그 적용을 받는 금융기관에 미치는 영향뿐만 아니라 시스템 전체에 미치는 효과도 고려한다. 또한 금융시스템은 글로벌하므로 바젤은행감독위원회와 같은 국제기구가 전 세계의 정책결정자를 소집하여 합의하고, 이것을 법제화한다. 바젤 III와 같이 은행의 자기자본비율이 자산별로 얼마 이상이 되어야 한다는 규제가 그러한 것이다.

이에 대해 분산장부시스템은 민간이 자의적으로 규칙을 정한다. 비트코인과 같은 비허가 분산장부시스템의 경우, 인간의 규칙 제정 없이 단지 수학적 알고리즘으로 돌아가는 것처럼 느껴진다. 그러나 기술코드가 구현하는 규칙은 결국 인간이 정하고 관리하는 것이다. 예를 들어 비트코인의 경우 초기 버전은 나카모토 사토시가 만들었지만 그는 2010년 프로젝트의 운영권을 미국에 거주하는 호주 출신 프로그래머, 앤더슨(Gavin Anderson)에게 넘겨주었다. 다른 소프트웨어와 마찬가지로 비트코인도 규칙적으로 업데이트해서 버그를 잡고, 보안 문제를 해결하고 운영환경의 변화에 대응해야 한다. 그런데 그러한 업데이트는 회계나 소유권에 관한 규정 등 소프트웨어의 어떤 측면을 변경시킬 수 있다. 이것은 시스템에 참여하는 모든 사람의 이익에 큰 영향을 미친다. 누가 소프트웨어를 개편하는지, 그리고 어떻게 그 과정이 통제되는지는 분산장부시스템에서 모든 구성원에게 매우 중요하다.

비트코인의 경우에는 비공식적인 기관들이 자의적 절차로 소프트웨어를 관리한다. 소프트웨어는 오픈소스이고 누구나 변경을 제안할 수 있지만 공식 버전의 변경을 허용하는 권리는 앤더슨이 임명한 5명의 핵심 개발자로 이루어진 팀이 갖고 있다. 비공식적으로 만든 헌장에서 핵심개발자의 권한을 제한하고 있기는 하다. 또한 규칙을 상당한 정도로 변경하려면 커뮤니티의 광범위한 지지가 있어야 한다고 규정하고 있다. 그런데 어떤 기준에 따라 규칙변경이 이루어지는가? 현재는 컴퓨터 연산용량의 기여비율에 따른 채굴자 다수가 업데이트된 소프트웨어를 인스톨 하면 유효하다. 따라서 채굴장을 관리하는 사람들이 결국 소프트웨어 업데이트를 비준하는데 상당한 영향력을 가지는 것이다.

이러한 방식은 코드 변화가 기술적 버그를 잡는 것일 때는 문제없지만, 누구의 이익을 중시하는가를 정하는 규칙의 경우, 충돌이 발생한다. 규칙이 너무 애매한 것이다. 이에 따라 그 절차를 보다 공식화할 필요성이 생긴다. 실제로 커뮤니티에서 공식적인 지배구조가 어때야 한다는 것을 놓고 논쟁하고 있으나, 비트코인 자체가 반 제도적이다 보니, 쉽게 실행하기 어렵다. 이것은 기술적 코드만으로는 부족하며, 결국 법적 코드가 필요하다는 것을 잘 보여준다.

허가 분산장부시스템에서는 소프트웨어의 통제가 단순해진다. 코드에 대한 분명한 법적 기술적 권한을 갖는 소유주가 있기 때문이다. 코드를 어떻게 수정할 것인가는 소유주 맘이며, 소유주가 권한을 행사하도록 해도 괜찮은지는 서비스의 이용자에게 달린 문제이다. 절이 싫으면 중이 떠난다, 이것이 이 시장에서의 법칙이다. 시스템보다는 서비스 단에서 계약을 통하여 책임을 정하고 집행할 수 있다. 그런데 분산장부에 대한 지배구조는 시스템 이해관계자의 이익과 관련된 문제이나, 분산장부가 어떻게 작동하는가는 그 이상으로 사회적인 이해가 걸려 있다. 예를 들어 정부는 세금을 걷고 싶어 하며, 범죄자를 처벌하고 싶어 하고, 분산장부가 범죄 목적으로 사용되지 못하도록 하고 싶어 한다. 어떤 시스템이 사회 전체에 영향을 미칠 만큼 사용된다면, 정부는 그것이 시스템 리스크에 부딪히지 않고, 시장의 실패가 나타나지 않도록 설계되기를 바란다. 여기에서 정부가 가지는 옵션은 두 가지이다. 분산장부를 법적 코드로 규제할 것인가, 아니면 기술적 코드로 규제할 것인가?

법적 코드로 분산장부를 규제하는 것은 단지 시스템의 주인에게 법적 의무를 부과하는 것이다. 그러나 비트코인과 같은 비허가 시스템을 법적 코드로 규제하는 것은 매우 어렵다. 이 시스템은 하나의 법적 주체가 통제하는 것이 아니기 때문이다. 예를 들어 어떤 소프트웨어를 컴퓨터에 깔라 말라 하기가 어렵다. 그래서 대신 거래소와 비트코인 지갑 제공자 등 비트코인을 사용하는 회사를 규제하는 방식을 채택한다. 회사가 불법행위를 하지 못하게 하고, 규칙을 준수하게 하는 것이다. 예를 들면 뉴욕의 금융서비스국은 뉴욕주에서 비트코인 서비스를 제공하는 사업자에게 면허증(BitLicense)을 발급한다. 면허마감 기간을 공지하고 이 기간 내에 면허를 받지 않고 사업을 하는 사업자에게는 벌금을 부과한다.

기술적 코드로 규제하는 방식은 어떠한 규칙에 따라 소프트웨어와 프로토콜을 작성하여야 하는가를 정하는 것이다. 그런데 이러한 방식은 이미 현실에 적용되고 있다. 예를 들어 TCP/IP 등 인터넷프로토콜의 핵심은 정부가 자금을 댄 연구프로젝트의 결과이며, 지금 인터넷협회(THE INTERNET SOCIETY)의 감독하에 운영되고 있다. 이 기관은 비영리 국제기구로서 누구나 회원으로 가입할 수 있다. 인터넷 하부구조의 다른 부분도 여러 나라의 이해관계자가 관리하고 있으며, 일부는 미국의 정부기관이 직접 감독하고 있다. 이러한 방식을 분산장부시스템에도 적용할 수 있다. 예를 들어 여러 이해관계자가 참여하여 의사결정을 하는 공식절차를 만들 수도 있다. 아니면 아예 정부가 시스템이 따라야 하는 규정을 공공표준으로 정하는 것이다. 이것은 이미 인터넷에서 사용되는 방식이다.

비허가 분산장부시스템에는 공식적으로 책임을 지는 법적 주체가 중앙에 없다. 사실상 시스템의 소프트웨어 코드를 만드는 개발자들이 규칙을 만드는 것이다. 그렇다고 그들이 법적으로 무슨 권한이나 책임을 지지는 않는다. 이러한 상황은 시스템의 규모가 작을 때는 문제가 없으나 시스템이 가치나 영향력 면에서 커지게 되면 그대로 방치할 수 없다. 내부에서는 지배구조를 강화해야 할 필요성을 느끼게 되며, 외부에서는 법적으로 규제를 해야 할 필요성을 느끼게 된다. 그러나 중앙의 법적 주체가 없기 때문에 정부는 법을 통해 분산장부시스템을 통제하기 어렵게 된다. 따라서 정부는 기술적 코드에 규칙을 반영하도록 하는 방식으로 분산장부시스템을 규제하는 방법을 검토할 수밖에 없다. 아마도 정부는 기술적 코드를 법적 코드로 간접 규제하는 방식을 집중적으로 연구하게 될 것이다. 이것이 생각지 않게 현재의 금융규제체계에 상당한 영향을 주기도 할 것이므로 매우 조심스러운 작업이 될 전망이다.

블록체인의 생태계

블록체인은 상당히 많은 기관이 활동하며 큰 생태계를 이루고 있다. 이것을 수직적으로 크게 세 가지 유형으로 구분할 수 있다. 맨 위의 상층부는 블록체인의 기술 표준과 제도를 만드는 컨소시엄이다. R3CEV(R3 Crypto, Exchanges and Venture practice), 하이퍼레저(Hyperledger, 고성능 장부라는 뜻이다), 디지털 자산(Digital Asset Holdings)이 그것이다. 이들이 블록체인의 큰 그림을 그리는 3대 패왕이다. R3CEV는 멤버십 기반으로 폐쇄적으로 운영되며, R3라는 뉴욕기반 블록체인 기술 개발 회사를 중심으로 글로벌 금융기관들이 참여하고 있다. 우리나라에서도 신한, 하나, 우리은행 등이 참여하고 있는 것으로 알려지고 있다. 그러나 이 컨소시엄에 가입하기 위해서는 25만 불의 가입비를 내야 하므로 일반 벤처 회사가 접근하기에는 문턱이 높다. '하이퍼레저'는 리눅스 재단에서 운영하는 것으로 오픈소스 기반으로 운영된다. 리눅스는 유닉스 언어를 기반으로 만든 운용체제로 소스코드가 완전히 공개되어 있다. 특정 회사가 독점적으로 전유하는 것이 아니며, 많은 사람들이 이를 이용하여 프로그램을 만들기도 하고, 소스코드를 발전시키기도 한다. 이러한 정신에 따라 참가자격은 리눅스 재단의 멤버로 제한된다. '디지털 자산'은 금융기관에 적용할 수 있는 블록체인 기술을 개발하는 소프트웨어 회사이다. 그러니까 가장 비즈니스에 근접한, 구체적 목표를 가지고 있다고 볼 수 있다. 하나의 기업으로서 이윤 창출을 목표로 한다는 점에서 응집력이 있으나 제휴선이 소수라는 점이 단점이다.

따지고 보면 신용카드에서도 바로 이런 방식으로 기술표준이 만들어졌다. 비자, 마스터카드, 유로페이 등 신용카드업계의 거목들은 공동으로 IC칩을 탑재한 신용카드 표준규격인 EMV을 만든 바 있다. 비자, 마스터카드, 아메리칸 익스프레스도 신용카드 결제 보안의 표준인 PCI-DSS를 만든 바 있다. 이것을 국내의 신용카드 회사에도 그대로 따르고 있다. 이들이 정하는 것이 사실상의 법이다. 블록체인의 3대 패왕들도 동일한 방식으로 사실상의 표준을 만들고 이를 전 세계에 강요하면서 새로운 블록체인 기술의 지배권을 장악하려고 한다.

맨 아래에는 블록체인을 이용하여 실무에 적용할 수 있는 소프트웨어를 만드는 회사들이다. 대표적인 것이 리플, 에테리움과 같은 것이다. 소프트웨어 중에서도 특히 플랫폼을 만드는 회사가 IBM과 MS이다. 두 회사는 또한 클라우드로도 유명하다. 그들은 클라우드 서비스의 고객이 클라우드 기반으로 블록체인을 사용할 수 있게 하는 기술 개발에 집중하고 있다. 고객에게 클라우드로 제공되는 메뉴에 블록체인을 하나 더

얹겠다는 심산이다. 마케팅에서는 이를 업셀링(Up-selling)이라고 부른다. 클라우드는 인터넷을 통하여 IBM, MS와 같은 대형 IT회사의 컴퓨터에 접속하여 전산 서비스를 이용하는 것으로, 블록체인과 궁합이 잘 맞는다.

또한 양자를 중개하는 거간꾼도 있다. 이들은 딜로이트, PwC, 액센추어와 같은 세계적인 컨설팅회사다. 만약 어떤 소프트웨어가 일정 수준 이상의 안정성과 실용성을 가지게 되면 일반 기업을 대상으로 소프트웨어를 맞춤형으로 만들어 제공하는 것은 이들의 몫이 될 터이다. 컨설팅으로 부수입까지 올리면서.

블록체인 개발 플랫폼과 API

블록체인을 이용한 애플리케이션을 개발하도록 하기 위해서 몇 개의 기관에서는 플랫폼을 제공한다. 이들은 API(Access Points of Interface)를 제공함으로써 개발자들이 쉽게 애플리케이션을 개발하도록 돕는다. API는 말하자면 그 회사의 전산시스템을 외부인이 쉽게 이용하여(메뉴를 이용하는 것처럼 여러 기능을 함수로 불러온다. 이렇게 하면 외부 개발자들이 모든 프로그램을 처음부터 끝까지 개발하지 않아도 된다), 그 전산시스템과 연동되는 프로그램을 만들 수 있도록 하는 것이다.

이를 통하여 다양한 블록체인 에코시스템을 수용할 수 있도록 노력하고 있다. 또한 사물인터넷과 같이 성장하고 있는 커뮤니티와 블록체인 커뮤니티를 연결하려는 노력도 진행되고 있다. 예를 들어 스마트시티에서는 센서를 통해서 도로 통행 차량 대수 등의 데이터를 실시간으로 수집하고 있는데, 운전자는 이를 스마트폰으로 받아보고, 특정한 차선이나 주차공간을 예약하는 것이다. 대금은 비트코인으로 지불한다. 물론 지금 실현된 것은 아니지만, 기술적 제도적 기반이 마련되면 사물인터넷과 블록체인은 서로 연결되어 새로운 서비스들을 무수하게 만들어낼 것이다.

IBM과 MS

MS는 자사의 클라우드 서비스인 애저(AZURE)에서 운용되는 블록체인 서비스(BaaS)를 출시해 개발자와 고객을 끌어모은 생태계를 구축하려고 한다. 최근에는 블록체인 소프트웨어 회사인 컨센시스(ConsenSys)사와 제휴하여 '에테리움 블록체인 서비스(EBaaS)'를 개발하기도 하였다. EBaaS에서는 애저 클라우드를 이용하여 개발자가 클라우드 기반 블록체인 개발이 가능하도록 한 것이다. 사실 자금이나 설비가 부족한 개발자의 입장에서는 아이디어가 있어도 블록체인 기술과 서비스 개발이 어려운데, MS는 이러한 문제를 해결해줌으로써 이들을 자신의 품 안으로 끌어모으려고 한다. EBaaS는 스마트 계약용 애플리케이션을 쉽게 개발하도록 돕는 것으로서, '에테르.캠프(Ether.

Camp)'라는 통합개발환경을 제공한다. 또한 사설 에테리움 블록체인인 블록앱스(BlockApps)도 운용되는데, 필요하면 공적 에테리움시스템과도 연결할 수 있도록 설계되어 있다. 금융권 고객이 주 타깃이다. 고객 입장에서도 클라우드 플랫폼을 통하여 블록체인 서비스를 사용하면서 오피스 등 다른 서비스도 연결하여 사용할 수 있으므로 불만은 없다. MS는 현재 리플과 함께 11개 글로벌 은행을 대상으로 테스트를 수행하고 있다. 향후 윈도우 서버에서 에테리움 클라이언트를 활용할 수 있도록 할 계획이다.

IBM도 이러한 블록체인 기술을 적극적으로 개발하는 회사이다. 메인프레임 컴퓨터를 통해서 블록체인 기술을 구현하고 기업고객에게 서비스를 제공하는 것을 목표로 하고 있다. 이 회사는 현재 두 가지의 중요한 프로젝트를 수행 중이다. 첫째는 '하이퍼 레저 프로젝트'로 리눅스 재단을 중심으로 인텔, 레드햇, VM웨어와 ANZ, JP모건, 웰스파고 등과 협업하여 수행하고 있다. 블록체인에 공개장부를 담는 오픈소스 기반 기술 개발을 추진 중이다. 둘째는 IBM 블루믹스 플랫폼으로 개발자들이 블록체인상에서 디지털 자산을 만들고 거래할 수 있도록 하는 것이다. 그러한 애플리케이션을 IBM 메인프레임상에서 운영할 수 있게 할 계획이다. 또한 런던, 뉴욕, 도쿄, 싱가포르 등의 금융허브 지역에 블록체인 앱을 개발하고 실험할 수 있는 허브를 조성할 계획이다. 예를 들어 동사의 고객 중 에버레저(Everledger)라는 기업은 다이아몬드 인증사업을 하고 있는데, 여기에 사용되는 종이인증서를 블록체인으로 대체하고 있다. 현재 고가의 다이아몬드가 진품이라는 것을 증명하기 위해서 레이저로 코드를 새겨 넣고, 그 출처와 거래 세부정보를 담은 종이인증서를 발행한다. 그 인증서가 IBM 블록체인으로 공개장부에 기록되는 것이다.

● 글로벌 은행의 동향

글로벌 금융기관의 R3CEV 컨소시엄

글로벌 금융기관들은 2015년 9월 미국 뉴욕의 벤처기업 R3CEV를 중심으로 컨소시엄을 구성하였다. 미국의 시티그룹, 영국의 바클레이즈 등 쟁쟁한 글로벌 은행들이 참여한 이 컨소시엄에서 블록체인을 이용한 공통의 거래플랫폼을 만들고 2016년 3월에는 이를 통해 채권을 발행하는 실험을 한 바 있다. 채권발행과 관련하여 발행자, 금액, 발행량 등 관련된 정보를 기록하여 실시간으로 모두에게 공개하는 실험을 시행한 것이다.[2] 또한, 2016년 6월 UBS, 산탄데르 등 7개 글로벌 은행들은 블록체인 기술을 통하여, 블록체인업체인 리플을 통해서 국제간 금융결제업무를 하기로 합의했다.

---

2. 2016년3월6일, 닛케이신문

글로벌 은행들의 블록체인 기술 개발

일본의 거대은행인 미즈호은행은 후지쓰와 후지쓰연구소와 함께 블록체인 기술을 이용하여 해외에서 증권을 거래할 수 있는 시스템을 개발하고 있다. 미즈호은행은 블록체인을 도입하고, 후지쓰는 클라우드를 제공하고, 후지쓰연구소는 블록체인 기술을 개발한다. 일본 방식의 R3CEV인 셈이다. 이를 이용하면 현재의 시스템에서는 며칠이나 걸리던 거래를 하루 만에 종료할 수 있게 된다고 한다. 후지쓰가 제공하는 클라우드상에서 '오픈에셋프로토콜(Open Assets Protocol)'을 이용하는 것이다.[3]

미국의 나스닥에서도 장외거래에 한해 블록체인 기술을 이용한 Linq 서비스를 출시한 바 있다. 이전에는 변호사의 승인이 필요하여, 거래 성립에서 결제까지 3일이 소요되었으나 이 시스템을 이용하면 불과 10분 만에 모든 과정이 종료된다. 나스닥은 블록체인 기반 거래를 증권보관, 청산 및 의결권관리까지 확장할 계획이다.

예탁결제기관에서도 블록체인 기술의 도입을 적극적으로 검토하고 있다. EuroClear에서는 발행시장의 사후관리, 유지보수, 관리감독 등 여전히 사람의 손이 필요한 업무가 있지만, 후선 업무에서는 블록체인을 도입함으로써 효율성이 크게 증진할 것이라는 입장을 밝힌 바 있다.[4]

전통적으로 IT는 청바지와 티셔츠를 입고 장발에, 한밤중을 한낮처럼 여기며, 컴퓨터에 몰두하는 스티브 잡스 부류의 청년들 몫이었다. 그것은 그 후 구글이나 페이스북에서도 이어지는 전통이다. 그러나 핀테크는 조금 다르다. 기반기술은 미국 서부의 실리콘 밸리에서 만들어지지만, 그 개발을 조율하고 관리하는 것은 동부의 금융기관들이다. 먼지 하나 없는, 줄이 반듯하게 다려진 양복을 입고, 넥타이를 멋들어지게 매고, 머리는 단정하게 빗은, 흐트러진 데라고는 하나도 없는 금융가들이 핀테크와 관련되는 컨퍼런스에 가죽가방을 들고 나타난다. 그들은 좌석에 앉아 조용히 경청하며, 쉬는 시간에는 로비에서 커피를 마시면서 삼삼오오 대화를 나누고 있다. 전형적인 대기업의 비즈니스 스타일인 것이다. 이것이 바로 핀테크의 특징이다. 그것은 기존의 비즈니스를 파괴하는 것이 아니라 더욱 강화시켜주는 것이다. 물론 모든 금융기관이 대상이 아니며, 그중에서 특히 강하고 규모가 큰, 글로벌 금융기관들이 대상인 것이다.

국내 금융기관들의 블록체인 도입현황

한국거래소는 블록체인을 이용한 장외주식 거래를 도입하려고 하고 있다. 이를 위해 예탁결제원, 코스콤, 그리고 국내 블록체인 개발업체와 함께 준비 중이다. 장내주식의 경우 거래량도 많고 시스템 전환에

---

3. 2016년3월12일, ZDNet Korea
4. 2016년3월30일, 디지털타임스

따른 위험이 크기 때문에 먼저 실험적으로 규모와 파급효과가 작은 장외거래부터 도입하는 것으로 보인다. 거래소에서는 증권거래 후 정산과 보관 등에 있어서 절차를 간소화하고 비용을 절감할 수 있다. 또한 거래시간이 단축되고 거래내용이 실시간으로 파악되기 때문에 부정거래를 방지하는 데 유리할 전망이다.

그런데 장외에서 증권을 거래하는 플랫폼은 2015년 LGC&S도 개발한 바 있다. 장외주식시장에서 주주들에게 전자증권을 발행해 주는 시스템이다. 바이터그룹, 슈퍼스트링, 블로코, 스마트포캐스트, 오메카의 5개 벤처회사 주주들에게 전자증권을 발행하는 시험을 시행한 바 있다. 또한 이러한 실험을 일반주주들을 대상으로 확대할 예정이다. 이러한 실험을 통해 블록체인을 통한 장외유통플랫폼이 안착될 경우, 저렴한 비용으로 보안에 대한 우려 없이, 비상장기업 정보를 투명하게 제공할 수 있을 것이다. 다만 현재의 전산시스템보다 처리속도가 느리고, 대량거래가 한꺼번에 몰릴 경우 처리속도가 현저하게 저하되는 것이 기술적인 문제점이다.[5] 은행의 경우, 블록체인에 대한 태도는 더욱 신중하다. 워낙 신뢰가 중요한 시스템인 데다가 블록체인의 전면적인 도입은 막대한 비용이 들어가므로 그 효과가 검증되기 전에는 시도하기 어렵다. 더구나 금산분리에 의해 자체적인 블록체인 자회사를 가질 수도 없으므로, 블록체인 회사에 투자하고 그 기술을 일부 채용하는

---

5. 2016년2월28일, 매일경제

방식으로 발을 담그고 있다. 큰돈이 안 드는 보안과 인증 등 제한적 범위에서 적용해보고 테스트하는 방식을 취하고 있다. 예를 들어 KB국민은행은 비대면 실명확인 증빙자료 보관시스템을 블록체인 기술을 통해서 개발하고, KB국민카드도 같은 방식으로 본인인증 서비스를 개발했다고 알려졌다. 요즘 많은 금융기관들이 생체인증 등 대체인증 방식에 대해 관심을 가지고 있으므로 이 분야에 대한 블록체인 기술 개발이 활발할 것으로 보인다. 또한 국제송금 등 비용절감 효과가 큰 분야도 먼저 블록체인 기술이 활용될 전망이다.

7장

전망

● 현금 없는 사회

그 많던 세종대왕은 다 어디로 갔을까?

우리나라에 만 원권이 등장한 것은 1973년이라고 한다. 한국은행에 따르면 고액권을 상징하던 이 지폐는 5만 원권이 나오면서 안방을 양보해야 했지만, 2007년까지는 꾸준히 늘어 33조 원이 발행되었다. 그러나 그 후로 줄어들기만 해 2015년에는 14조 원에 그쳤다.[1] 오늘날 지폐는 결제수단으로서 신용카드에 한참 밀리고 있다. 2015년 기준으로 결제수단은 신용카드 40조 원, 체크직불카드 14조 원, 선불카드 0.6조 원 등 카드 3총사가 55조 원이고, 은행계좌 이체가 13조 원인데 반해 현금은 29조 원으로 뒷방 신세가 돼가고 있다.

동전은 더하다. 무겁기만 한 동전은 가치도 별로 없어져 거스름돈으로만 사용되는 경우가 허다하고, 어쩌다 10원짜리를 받게 되면 귀찮아 사양하기까지 한다. 돼지저금통도 이제 아이들 책상에서 자취를 감추고 있다. 카톡으로 친구에게 축하한다는 메시지와 함께 모바일 상품권을 생일선물로 보내는 것이 일상사가 되었다. 모바일로 부조금을 보내는 것은 너무 성의 없는 것처럼 보여 주저하였지만 이제는 은행에서 서비스로 나올 정도가 되었다. 아이들은 교통카드로 들고 다니는 티머니를

---

1. 2016년 6월 5일 뉴스1

이용해서 편의점에서 김밥을 사 먹기도 한다.

한국은행에서는 2020년까지 동전 없는 사회를 만드는 프로젝트를 추진하고 있다. 사실 10원짜리 동전 만드는 데 드는 비용이 30원이나 된다고 한다. 동전은 다시 은행으로 돌아오는 회수율이 10%에 불과하기 때문에 계속 주조해야 하는데, 상당히 소모적이기도 하다. 동전이 추방되면 거스름돈을 받게 될 때 동전이 아니라, 계좌로 입금시켜 주거나, 직불카드에 충전시켜주는 방식으로 받게 될 것이다. 이것은 이미 북유럽 국가에서 현실이 되고 있다. 경제로부터 현금을 추방하는 정책의 첫 단계가 바로 동전 추방 프로젝트이다. 한국은행은 먼저 약국, 편의점, 커피숍 등 소액결제가 많은 매장부터 시범사업을 시작할 것으로 보인다. 잔돈을 통신사의 포인트에 적립해 요금 대신 사용하도록 하거나, 교통카드를 통해 충전하여 사용하는 방식이 거론되고 있다.

유럽의 현금 없는 사회

덴마크와 스웨덴 같은 북유럽국가에서는 현금을 사용하기 어렵다. 신용카드와 선불카드가 많이 보급되어 있고, 이를 이용하여 온라인으로 지급 결제하는 비율이 매우 높다. 교회의 기부금까지 교회계정으로 보내는 것이 자연스러운 일이 되고 있다. 현금을 들고 상점에 들어가면 물건을 사기도 어려운 세상이 된 것이다. 현금이 없다 보니, 노숙자들이 구걸하기도 어려운 세상이 돼버렸다. 어떤 나라에서는 상점에 금전등록기를 설치하지 못하도록 법으로 정하고 있다. 스웨덴의 경우 지폐와 동전이 경제에서 차지하는 비중이 2%로 미국의 7.75%, 유로 존의 10%보다 월등 낮다. 심지어 스웨덴 정부는 최근에는 스마트폰에 스위시(SWISH)라는 모바일 앱을 통해서 스마트폰으로 결제할 수 있게 하고 있다. 워낙 소소한 것도 다 카드로 결제하다 보니, 평균 카드구매액은 35달러로 유럽 평균 54달러보다 훨씬 적고 연간 카드 구매횟수도 207.1회로 프랑스의 141.7회보다 현저하게 많다. 정부의 '현금 없는 사회' 프로젝트가 효과를 거두고 있다는 실증이다. 2015년 시중에 풀린 현금은 770억 크로나(11조 원)로 2008년의 1,060억 크로나보다 1/4이나 줄었다.[2]

유럽중앙은행(ECB)은 2018년부터 500유로화 발행을 전면 중단하기로 결정한 바 있다. 그리고 스페인, 이탈리아, 프랑스, 그리스, 포르투갈, 벨기에 등 유럽 국가는 1,000유로 이상의 거액 거래에서는 현금 사용을 이미 금지한 바 있다. 북유럽국가에서는 고액권을 없애고 현금거래에 상한을 두는 것에 더해서 급여의 계좌이체와 전자청구서 사용을 의무화하고, 카드결제단말기(POS)를 등록하도록 하여 돈이 숨을 구멍을 틀어막고 있다. 덴마크에서는 대중교통 현금결제를 금지한 데 이어, 2014년에는 아예 지폐와 동전발행을 중단하였다.

명목은 범죄와 테러 발생을 방지하기 위한 것이지만, 현금의 사용을 억제

---

2. 2016년5월29일 조선일보

함으로써 자금의 흐름을 파악하고 통제할 수 있는 결제수단으로 유도하려는 것이다. 기술진보의 결과로 자연스럽게 나타나는 것처럼 보이지만, 한편으로는 지하경제를 추방하기 위한 정부정책의 결과인 것이다. 스웨덴, 덴마크 등 규모가 작고, 소득수준이 높으며, 경제적으로 평등한 사회에서 이러한 움직임을 주도하고 있는 것도 재미있다. 도입이 용이하고 그 효과와 부작용을 체크하기 쉽다. 일종의 실험장으로서, 미국, 독일, 프랑스, 영국과 같은 대국들은 그 결과를 주시하고 있을 것이다.

● 모바일, 미래의 지갑

모바일로 모든 금융을 처리하다

현금이 없어지면 무엇이 결제수단이 될까? 신용카드일까? 이미 우리는 지갑 대신 휴대폰 케이스에 카드를 몇 장 꼽고 다니기도 한다. 어디 가나 신용카드를 받지 않는 곳이 없으니 이것만 있으면 만사형통이기 때문이다. 더욱이 우리나라에서는 신용카드를 받도록 의무화하고 있다. 그런데 자세히 보면 신용카드가 점점 모바일로 들어가는 현상을 알아챌 수 있다. 플라스틱이 되었건 모바일이 되었건 어차피 전달되는 것은 지폐가 아니라 전자정보이다. 모바일이 필수품이 된 현재, 굳이 돈을 플라스틱에 담아 다닐 필요가 없다. 플라스틱에 있는 카드정보를 모바일로 옮겨 담으면 이제는 플라스틱 카드조차 들고 다닐 필요가 없는 것이다. 그래서 모바일은 이제 결제수단의 종착역이 되고 있다.

모바일로 대부분의 금융업무를 처리하는 것이 가능해지는 세상이 돼가고 있다. 지불결제가 그렇게 되고 있고 곧이어 송금도 그렇게 될 것이다. 카카오페이와 같은 서비스가 대표적이다. 아직은 부진하지만 그 방향으로 가는 것은 단지 시간문제일 뿐이다. 상대방의 휴대폰 번호는 이미 내 휴대폰에 저장된 경우가 많다. 굳이 상대의 은행계좌를 알지 못해도 이름과 휴대폰 번호를 알면 송금하는 데 전혀 문제가 없다. 은행까지 털털거리며 걸어가거나 기름값 들여가면서 차를 몰고 갈 필요성은 점차 사라질 것이다. 잠자리에 누웠다가 아, 친구에게 송금하는 것을 잊어버렸다 하고 생각이 나면 바로 손에 들고 있는 휴대폰으로 카톡과 함께 돈을 보낼 수 있다. 미안, 깜빡 잊어버리는 바람에 늦었다, 이런 메시지와 함께.

그보다 복잡한 은행 업무를 모바일로 처리하는 것이 어려울 수는 있다. 그러한 상황 때문에 PC를 통한 인터넷뱅킹이 병행될 것이다. 또한, 은행의 ATM은 전국 곳곳에 넘쳐나도록 깔려있다. 너무 많은 데 비해 사용이 줄어들어 오히려 숫자를 줄이는 지경이라고 한다. 그러나 ATM의 성능은 그에 반해 고도화되고 있다. 인터넷뱅킹 가입, 비밀번호변경, 체크카드 발급, 증권계좌 개설, 통장개설까지 처리할 수 있다. 신용카드 없이 휴대폰을 통해 인증번호를 받아 현금을 인출할 수 있는 서비스는 현재도 가능하다. 그다음에 남는 것은 대출, 투자, 자문, 금융상품 가입 이런 것들인데, 이러한 서비스도 상당 부분은 표준화되어 모바일로 처리할 수 있으며, 그 이상 대면 접촉이 필요한 서비스를 이용할 때만 지점이 필요할 것이다. 그때 이러한 장소는 지점이라기보다는 은행의 PB룸이거나 애플의 지니어스바와 같이 고급스러운 라운지가 될 것이다.

이미 은행지점은 줄어들고 있다

미국의 경우 금융기관의 감소추세가 현저하다. 1990년 1만2천 개에 달한 금융기관의 수는 서서히 감소하였고, 2008년 금융위기를 겪으면서 극적으로 감소하였다. 2013년 11월 기준으로 6,878개가 존재한다. 이것은 물론 대규모 손실로 인해 은행 간 인수합병이 불가피했다는 점이 큰 원인이며, 1933년 글래스 스티걸법의 폐지에 따라 소규모로 광범위하게 존재하였던 은행 간의 통폐합이 활발히 일어났기 때문이기도 하다.

은행예금액은 금융위기에도 불구하고 2000년 4,004조 달러에서 9,434조 달러로 꾸준히 증가한 데 반해, 지점 수는 2000년 85,492개에서 2009년 99,550개로 피크에 이르렀다가 다시 감소하여 2013년 96,339에 이르고 있다. 또한 지점당 거래의 평균은 2000년 11,400건에서 2013년 6,400건으로 크게 축소되었다. 온라인과 모바일이 지점을 대체한 것이다. 이에 따라 은행 지점을 둘 이유가 점점 더 감소하고 있다. 이것은 2009~2011년 사이에 은행을 이용한 인구가 14% 감소했다는 연방예금보험공사의 보고와 일치한다. 거래가 늘었는데, 은행 이용은 감소했다면 원인은 당연히 사람들이 온라인으로 옮겨간 것에서 찾을 수 있다.

이것은 유럽도 마찬가지라, 2009년부터 2013년까지 4년간 약 2만 개의 은행지점이 사라졌다.[3]

우리나라도 마찬가지이다. 국내은행 점포 수는 2012년 7,698개로 피크를 치고 그 후로는 내려와 2015년 7,322개로 줄어들어 있다. 그에 반해 모바일뱅킹 이용자 수는 2013년 2,807만 명에서 2015년 6,573만 명으로 빠르게 늘고 있다.[4]

● 플랫폼, 미래의 은행

IT산업에서 먼저 온 플랫폼 비즈니스

그러면 은행은 어떻게 될 것인가? 은행은 지금처럼 오프라인에서 제공하던 모든 금융업무를 단지 온라인으로 제공한다는 말인가? 지불결제와 송금시장에서 시작한 IT업체의 금융서비스는 핀테크라는 이름으로 금융의 여러 분야로 확산되고 있다. P2P 방식의 크라우드 대출 및 펀딩을 위시하여 빅데이터를 이용한 신용평가, 로보어드바이저라는 이름의 컴퓨터 알고리즘 기반 투자자문 업무 등 우리는 이미 새로운 형태의 금융서비스 출현에 마주하고 있다. 그중에는 물론 기존의 서비스에 포장만 핀테크로 다시 한 서비스도 있지만, 매우 색다르며 혁신적인

3. 디지털뱅크, 은행의 종말을 고하다, 크리스 스키너 지음, 안재균 옮김, 미래의 창, 2015
4. 신무경, 금융감독원, 2016

서비스도 적지 않다. IT 기술의 발전에 따라 비로소 가능하게 된 금융 서비스들이다. 이렇게 되면 은행은 이들을 껴안지 않을 수 없다. 아마도 일어날 변화는 은행이 플랫폼이 되어 이들을 수용하는 것이 될 전망이다.

이미 우리는 이러한 변화를 몇몇 산업에서 경험했다. 예를 들면 컴퓨터산업에서 메인프레임이 지배하던 시절 IBM은 컴퓨터 산업 그 자체였다. 그들은 컴퓨터를 제작하고, 그를 운영하며, 주로 기업을 대상으로 서비스를 제공하였다. OS는 물론이고 다양한 업무에 사용되는 애플리케이션까지 만들었으며, 컴퓨터와 같은 하드웨어도 자신의 몫이었다. 그러나 1970년대 PC의 도래는 그처럼 통합된 가치사슬을 산산조각 냈다. PC의 하드웨어는 IBM, 애플과 수많은 제조업체, CPU는 인텔, 메모리는 일본회사와 삼성전자가, OS는 MS가, 그리고 수없는 애플리케이션은 수많은 소프트웨어 업체가 가져갔다.

이처럼 가치사슬이 여러 업종의 회사로 분할되지 않더라도 하나의 기업이 제공하던 업무가 여러 회사로부터 아웃소싱되는 예는 자동차회사에서도 찾아볼 수 없다. 과거 자동차회사는 2만 개에 달하는 부품을 모두 자기가 생산하였으나 오늘날은 수많은 협력업체로부터 조달하여 본체에서는 다만 조립하고 완성차로 만드는 작업만 한다. 그리고 기획, 개발, 마케팅, 판매망과 AS망의 유지만을 담당한다. 그러한 과정은 점점 단순화되고 있다. 전기차로 유명한 테슬라의 경우를 보면 자동차를 만드는 것이 마치 레고를 만드는 것처럼 단순화되어 있다. 부품의 수도 크게 줄고, 모듈화되어 있어, 그것을 이어 붙이면 순식간에 한 대의 자동차가 탄생하는 것이다. 이러한 기술의 변화가 은행산업에서도 일어날 것으로 보인다.

은행 업무가 완전히 산산조각 나서 여러 회사에 의해 분할될 것인지는 장담하기 어렵다. 은행이 국가에 의해서 강하게 규제되는 산업이라는 관점에서 볼 때, 또 심장이 피와 산소를 신체의 모든 장기에 공급하는 것과 같이, 은행이 돈을 경제의 모든 기관에 돌아가도록 하는 역할을 한다는 점을 볼 때 그럴 가능성은 낮아 보인다. 예를 들어 미국에서 시행하고 있는 양적완화나 일본에서 시행하고 있는 마이너스 금리는 중앙은행과 국가가 주도하고 있으나, 그 실행을 맡는 기관은 은행들이다. 그들이 개인과 기업 고객을 상대로 대출을 하거나, 국채와 같은 자산을 사고파는 운용을 통해서 구체적인 모습이 경제에서 나타난다. 그런데 정부가 그처럼 중요한 기관을 완전히 시장에 맡겨둘 것인가?

그보다는 은행이 애플과 같은 플랫폼 모델로 전환할 가능성이 높다. 애플은 앱스토어를 운영하면서 이를 통하여 외부의 앱을 소비자에게 제공하고 있다. 소비자는 각자의 필요와 입맛에 따라 필요한 앱을 다운로드 받아 사용한다. 애플은 앱스토어를 운영하며 관리하는 주인이다. 앱을 개발하여 제공하는 외부의 회사를 통제하며 자신의 규칙을 따르도록 강요한다. 외부의 해킹을 막아주고 안전한 공간을 제공하는 대신, 앱의 제공자와 그 이용자로부터 수수료를 받는다. 이것 때문에 개발자들은 아이폰에서 작동하는 앱을 개발할 수밖에 없고, 이용자는 비싼 아이폰을 구매한다. 애플은 양자로부터 수수료를 징수하여 막대한 부를 모은다.

금융은 이보다 한정적이며 전문적인 금융서비스를 제공한다. 그리고 애플이 다루는 범용적인 앱보다 더욱 정교하고 믿을 수 있으며, 보안이 철저한 서비스가 필요하다. 더구나 정부가 부과한 강한 규제를 지켜야 할 의무도 있다. 말하자면 애플보다 더욱 제한적이고, 더욱 엄격하게 관리되는 플랫폼운용자가 되는 것이다. 물론 예금, 대출과 같은 자신의 핵심서비스는 자신의 손에서 놓지 않을 것이다. 다만, 지금처럼 자신이 모든 서비스를 다 제공하지는 않는다. 자신의 금융플랫폼을 만들어 놓고, 여기에 API를 공개하여 외부의 서비스업자들이 그 금융플랫폼에서 돌아갈 수 있는 금융서비스를 개발하도록 한다. 그러한 플랫폼 위에서 이용자는 스마트폰이 되었든, 태블릿PC가 되었든, PC가 되었든 단말기를 가지고 언제 어디서나 금융서비스를 이용한다. 이것이 미래의 금융이 될 것이다. 미국이나 일본에서 운용되고 우리나라에서 도입될 인터넷전문은행과는 다르다. 그들도 물론 물리적인 지점 없이 온라인으로 금융서비스를 제공하고 있기는 하다. 그러나 그들은 플랫폼 사업자가 아니며, 더구나 제한된 영역의 특화서비스를 주특기로 하여 틈새시장을 공략하고 있다. 한마디로 니치(niche) 서비스 사업자이다.

금융의 요소들이 재조합되다

물론 이러한 변화가 하루아침에 일어나는 것은 아니다. 은행은 물론 자체적인 IT 역량을 강화하고 있으며, 지점을 줄이는 대신, 모바일과 인터넷은행이라는 이름으로 온라인 채널을 강화시키고 있다. 이전 같으면 전산실장이 고작이던 IT전문가들이 은행의 고위경영진에 점점 더 많이 자리를 차지하고 있으며 신규 충원인력도 IT 백그라운드를 가진 사람들이 늘고 있다. 인터넷전문은행에 지분을 투자하고 있으며, 자체적인 핀테크 지원센터를 만들어 유망한 핀테크 업체를 지원하고, 이들과 공동으로 개발한 기술을 자사의 업무에 접목시키고 있다. 그러나 은행이 IT회사는 아니며, 금산분리의 원칙은 은행이 대형 IT업체를 인수하는 것을 금지하고 있다. 이러한 상황에서 은행이 IT업체에 대해 압도적인 경쟁력을 보이며 시장을 계속 지배할 수 있을지는 회의적이다. 애플이나 구글과 같은 IT업체, 알리바바와 아마존과 같은 전자상거래업체는 자신의 핵심역량을 바탕으로 꾸준히 금융의 영역으로 확장하고 있다. 그들이 자신의 서비스와 결합하여 제공하는 금융서비스는 소비자에게 매력적으로 어필하며 시장을 야금야금 먹어 들어가고 있다. 거기에다 수없이 생겨나는 핀테크 업체를 생각하면 금융기관의 입장에서 잠이 오지 않을 만하다. 집채만 한 파도가 멀리서 다가오고 있는 형국이며, 재빨리 전략의 변화를 줄 상황인 것이다.

● 디지털 머니로 인한 변화

디지털 머니는 단순히 디지털로 돈을 보낸다는 것이 아니다

디지털 머니가 확산되면 어떠한 변화가 일어날까? 무엇보다, 소액판매가 매우 활성화될 것이다. 현재의 신용카드도 어느 정도 그러한 역할을 수행하고 있다. 그러나 결제가 더욱 편리해지고, 결제처리에 따른 수수료가 낮아진다면 새로운 비즈니스가 나올 수도 있다. 예를 들어 언론사라면 기사를 편당으로 판매하는 것도 가능해질 것이며, 1시간 이용권과 같은 마이크로 판매방식이 더욱 활성화될 것이다. 지금은 수수료 부담 때문에 배보다 배꼽이 더 큰 상황이 발생하기 때문에 마이크로 판매는 성장하지 못하고 있다.

또한, 송금비용이 저렴해지면서 송금이 매우 활성화될 것이며, 특히 국제송금과 소액송금의 규모가 커질 것이다. 현재 국제송금을 은행을 통해서 하려면 송금수수료, 외환취급수수료가 필요하며 달러로 환전한다면 환전수수료가 발생한다. 은행은 매도환율과 매수환율을 달리함으로써 그 차이를 수수료로 징수하고 있는데, 이것을 스프레드라고 한다. 은행계좌가 없는 사람은 웨스턴 유니온과 같은 국제송금업자를 이용해야 하는데, 비록 은행보다는 저렴하지만 여전히 비싼 종량수수료를 받고 있다. 세계은행의 보고서(Remittance Prices Worldwide)를 보면 200달러를 송금할 경우 2014년 1분기 G8 국가의 경우 송금비용이 무려 7.73%나 되었다. 만약 비트코인이나 리플과 같은 디지털 머니가 충분히 활성화된다면 이러한 송금비용은 사실상 사라진다.

비트코인의 출발은 은행과 국가의 통제에 대한 도전에서 시작되었다. 그러나 아이러니하게도 그것의 핵심기술인 블록체인은 은행과 국가에서 채택되어 새로운 방향으로 발전할 것이다. 왜냐하면 블록체인은 기존의 금융거래 방식에 비해서 기술적으로 우수한 것이기 때문이다. 보안과 효율성 면에서 압도적이며, 0.1%에 의해서 엄청난 이익이 왔다 갔다 할 정도로 거액이 흐르는 금융기관에서 블록체인이 주는 이득을 도저히 외면할 수는 없을 것이다. 물론 블록체인은 기술적으로 완성되지 않았으며, 부족한 부분이 많다. 그러나 그것은 시간이 해결해줄 문제이다. 지금도 조그마한 벤처기업에서부터 시작해서 거대한 글로벌 금융기관에 이르기까지 이 기술을 두고 요리조리 들여다보면서 개선과 응용방법을 궁리하고 있다.

블록체인이 가장 크고 직접적인 영향을 미치는 대상은 금융업이 될 것이다. 블록체인은 은행 업무의 처리에서부터 보안의 유지까지 모든 분야를 바꾸게 될 것이다. 은행의 비용을 크게 절감해줄 것이며, 또한 소비자에게도 지급결제와 송금의 수수료를 크게 낮추어줄 수 있을 것으로 보인다. 단지, 그러한 변화는 점진적이며 단계적으로 진전될 것이다. 워낙 사회적 영향력이 큰 분야이므로 기술적 완전성을 요구하는 데다, 막대한 투자가 필요하고, 이해관계의 조정을 위해서 법과 제도의 변화가 따라야 하기 때문이다. 그러나 그러한 변화는 블록체인을 이용하여 거대한 금융기관들이 카르텔을 결성하는 것을 더욱 도와줄 것이며, 여기서 주도적인 위치를 차지하는 기관과 낙오하는 기관으로 나누어지며, 선도그룹은 지배권이 더욱 강화될 것이다. 비교적 안정적이었던 은행업계에서 판도의 변화가 일어날 수 있는 새로운 전장이 펼쳐질 것이다.

그러나 블록체인은 다양한 분야로 확장이 가능하므로 그 영향력은 그 이상이다. 블록체인이 가지는 효율성, 즉 공개장부를 사용함으로써 불필요한 중복과 상호조율을 위한 작업을 제거할 수 있고, 실시간으로 거래를 처리하고 확인할 수 있다는 점, 또한 거래를 위해 서로가 믿을 수 있는 존재인지를 확인해야 할 필요성을 제거한다는 점은 혁명적이다. 이러한 장점은 단지 금전의 지불결제와 송금뿐만 아니라 부동산, 자동차, 다이아몬드 등 물리적 자산, 그리고 복잡한 파생상품 계약을 포함한 금융상품 등 다양한 분야에서도 똑같이 나타날 것이다. 모든 계약조건은 컴퓨터로 프로그래밍이 가능하며, 이에 따라 네트워크를 통해 자동적으로 실현된다. 비트코인은 이러한 것이 가능하다는 것을 보여주고 있다. 다만, 복잡한 계약을 구현하는 것은 기술적으로 더욱 어려우며, 이에 따른 제도의 변화가 불가피하므로 시간이 더 필요할 뿐이다.

결어

IT의 거대한 물결은 도도하게 흘러 사회의 모든 분야에 스며든다. 컴퓨터, 인터넷, 휴대폰은 불과 수십 년 만에 인간의 생활양식을 크게 변모시켰다. 불과 100년 전의 사회가 어떠했던가? 아니 불과 30년 전은? 타자기를 가지고 글을 쓰다가 하얀 물감으로 오타를 지우던 세상이 바로 엊그제가 아니던가? 기계식 타자기는 전동 타자기로, 그리고 워드프로세서를 거쳐 컴퓨터로 대체되었다. 컴퓨터는 만능기계로서 많은 기계를 대체하였고, 휴대폰과 결합하여 스마트폰으로 발전하였다. 그리고 오늘날 스마트폰을 통해 모든 사람이 서로 간에 연결할 뿐만 아니라 지상에 존재하는 모든 시스템과도 연결된다.

스마트폰은 이제 우리의 생활필수품이다. 그것은 우리의 신분증이자 통신의 도구이며, 물건을 사고, 정보를 얻고, TV와 라디오, 그리고 각종 동영상을 시청하고, 강의를 들으며, 뉴스와 책을 읽고, 게임도 하며, 기차표와 비행기 표를 예약하며, 각종 금융거래를 한다.

과거의 은행은 지점을 통해서 고객과 만났다. 따라서 지점은 고객이 오기 편한 곳이어야 했으며, 사람이 많이 다니는 곳이어야 했다. 그러나 지금 은행은 고객과 휴대폰으로 만난다. 웬만한 것은 모두 휴대폰으로 처리한다. 굳이 사람과 접촉할 필요가 있다면 전화를 해도 되고, SNS로 물어봐도 된다. 상품을 사면 휴대폰으로 결제하며, 친구에게는 휴대폰으로 송금한다. 지금 현금과 신용카드가 하는 역할은 멀지 않아 모두 휴대폰이 대신할 것이다. 정확히 말하면 휴대폰을 통해 전달되는 디지털 머니가 할 것이다.

화폐는 결국 사람들 사이에서 가치를 교환하고, 전달하고, 저장하기 위해서 있는 것이며, 기술이 발전하면서 점점 더 편리하면서 효율적인 매체로 대체하여 왔다. 화폐는 조개 → 금 → 지폐 → 수표/어음 → 신용카드로 진화했으며, 이제 디지털 머니로 진화하고 있다. 화폐가 인간의 경제생활을 얼마나 풍요롭게 했던가? 화폐가 없었더라면, 그래서 사람들이 협업을 통해서 가치 있는 무언가를 만들고 그 대가를 나누고, 가치를 보관할 수 있는 수단이 없었더라면 오늘날의 번영이 존재할 수 있었을까? 화폐의 발전과 함께 인간의 생산력과 경제활동은 비약적으로 발전하였다. 이제 화폐가 디지털 머니로 진화하면서 우리는 또 한 번의 비약적 진보를 앞두고 있다. 이러한 상황을 지켜보면 누구라도 흥분되는 마음을 감추기 어려우리라.

참고문헌

김경하, The effect of M-PESA mobile money transfer on economic growth in Kenya, Hankuk Univ. of Foreign Studies, 석사학위논문, 2012

김진화, (Next money) 비트코인 : 돈의 판도를 바꿀 디지털 화폐의 출현, 부키, 2013

노구치 유키오, 가상통화혁명, 김정환 옮김, 한스미디어, 2015

니체 R, 화폐의 역사, 김학은 편역, 법문사, 1984

안드레아스 M. 안토노플러스, 비트코인, 블록체인과 금융의 혁신, 최은실, 김도훈, 송주한 옮김, 고려대학교 출판문화원, 2015

유순덕, 전자금융과 결제, 홍릉과학출판사, 2015

이채윤, 알리바바 경영천재 마윈과 손정의의 윈윈게임, 한국경제신문사, 2015

류스잉, 펑정, 마윈: 세상에 어려운 비즈니스는 없다, 양성희 번역, 열린책들, 2015

커넥팅랩, 모바일트렌드 2016, 미래의 창, 2015

커넥팅랩, 왜 지금 핀테크인가, 미래의 창, 2015

한국은행, 분산원장 기술과 디지털통화의 현황 및 시사점, 2016

한국은행, 비트코인의 현황과 시사점, 지급결제조사자료 2013—2, 2013

한국은행, 2015년 지급수단 이용행태 조사결과 및 시사점, 2016

Government Office for Science, Distributed Ledger Technology: beyond block chain, A report by the UK Government Chief Scientific Adviser, 2016

Melanie Swan, Blockchain Blueprint for a New Economy, O'Reilly Media, 2015

Morgan Stanley, Global Insight: Blockchain in Banking: Disruptive Threat or Tool?, Global Finacials/Fintech, 2016.4.20